W0372691

COMMENT ANALYSER LES GENS

Techniques de psychologie comportementale pour reconnaître les personnalités, déchiffrer les micro-expressions et lire les gens comme un livre ouvert

Robert Mercier

Copyright 2021 – Robert Mercier

Tous droits réservés.

Sommaire

Avant de commencer à lire, veuillez suivre le code QR suivant pour télécharger un livre gratuit intitulé "Les 7 secrets de la communication persuasive".

Un petit guide pratique qui vous donnera les connaissances nécessaires pour améliorer vos capacités de communication, parfaitement complémentaire au livre que vous allez lire.

Le télécharger est très simple : prenez votre smartphone et encadrez ce QR Code avec votre appareil photo.

INTRODUCTION

Vous êtes-vous déjà demandé ce qu'est la psychologie du comportement et quels types de conduites peuvent être identifiés même sans bien connaître une personne ? Dans ce texte, nous vous emmenons en voyage à travers les mystères du comportement humain en tenant toujours compte de ce qui fut étudié et découvert au fil des ans : la Psychologie, soit la science qui se consacre à l'étude des modalités du fonctionnement de l'être humain.

Nous allons donc approfondir les origines de la psychologie comportementale et nous verrons si (et comment) vous pouvez analyser la conduite des gens. Pour ce faire, nous ne pouvons certainement pas laisser de côté les émotions qui jouent un rôle fondamental dans la motivation du comportement humain.

Nous nous concentrerons ensuite sur les micro-expressions du visage, qui sont en réalité une manifestation innée des émotions. Par la suite, nous allons analyser en détail comment le corps se comporte, de manière naturelle et souvent automatique et inconsciente, lorsque nous mentons.

Enfin, nous analyserons la construction psychologique de la personnalité et nous ferons un parcours pour comprendre comment elle a été conçue au fil des ans et quels instruments et tests ont été développés pour comprendre quel type de personnalité nous avons.

Êtes-vous prêts à découvrir tous ces concepts ? Alors partons à la découverte de ce sujet passionnant !

1.

LA PSYCHOLOGIE COMPORTEMENTALE : QU'Y A-T-IL DERRIÈRE LE COMPORTEMENT HUMAIN

La psychologie comprend actuellement une grande variété d'orientations théoriques. Tout comme cela se passe dans le contexte des idéologies politiques ou dans celles des religions, les paradigmes psychologiques reposent sur des hypothèses théoriques différentes qui amènent les professionnels à exercer la profession de psychothérapeute. Cette fonction prend de multiples formes, car la psychothérapie est une domaine large qui nécessite ses spécialités propres.

La psychologie comportementale – également appelée comportementalisme - est l'une des directives communes aux psychologues, bien qu'aujourd'hui il soit plus commun de trouver des professionnels qui travaillent avec des hypothèses cognitives comportementales. Nous analysons brièvement ci-dessous l'histoire de la psychologie comportementale et ses principales caractéristiques.

Qu'est-ce que la psychologie comportementale ?

Le comportementalisme est un courant de psychologie qui se fonde sur l'étude des lois communes qui déterminent le comportement des hommes et des animaux. À l'origine, le comportementalisme traditionnel ne prenait pas en compte ce qui était « intrapsychique » dans ses travaux d'études, afin de se concentrer uniquement sur les comportements observables, autrement dit, il avait une prédilection pour l'objectif plutôt que pour le subjectif. C'est pourquoi la psychologie comportementale s'oppose aux approches précédentes comme celle de la psychanalyse. En fait, du point de vue béhavioriste, ce qu'on considère d'habitude l'« esprit » ou la « vie mentale » est juste une abstraction de ce que la psychologie est capable d'étudier : les relations entre les stimuli et les réponses dans certains contextes.

Les comportementalistes ont tendance à concevoir chaque être vivant comme un « tabula rasa », soit un être dont la conduite est déterminée par les renforts et les punitions reçus plutôt que des prédispositions internes. Le comportement ne dépend donc pas principalement de phénomènes internes (tels que les instincts ou les pensées) mais du contexte. Ni le comportement ni l'apprentissage ne peuvent être séparés du contexte dans lequel ils se produisent.

Par conséquent, les processus qui se déroulent dans le système nerveux et qui pour de nombreuses approches psychologiques sont à l'origine de la raison pour laquelle nous agissons d'une manière déterminée. Pour les comportementalistes, ils ne sont rien d'autre qu'un type de réaction supplémentaire généré par notre interaction avec le contexte.

Le concept de maladie mentale pour la psychologie comportementaliste

Les comportementalistes ont souvent été liés au monde de la psychiatrie pour leur utilisation de la méthode expérimentale afin d'acquérir de nouvelles connaissances. Cette association n'est néanmoins pas tout à fait correcte car, à bien des égards, les comportementalistes prennent clairement leurs distances par rapport aux psychiatres. L'une des principales différences est l'opposition du comportementalisme au concept de maladie mentale. Selon cette approche, les comportements pathologiques ne peuvent exister puisqu'ils doivent toujours être considérés en fonction de leur adéquation au contexte. Si les maladies doivent avoir des causes biologiques relativement bien isolées et connues, les comportements indiquent qu'il n'y a pas suffisamment de preuves en faveur de l'existence de ces biomarqueurs dans le cadre des troubles mentaux. Par conséquent, les comportementalistes s'opposent à l'idée que le traitement de problèmes tels que les phobies et les troubles obsessionnels compulsifs devraient être principalement soignés avec des prises de médicaments psychotropes.

Concepts de base du comportementalisme

Examinons ci-dessous les principaux termes de la théorie de la psychologie comportementale.

- Stimulus : Terme désignant tout signe, information ou événement qui produit une réaction (réponse) dans un organisme.
- Réponse : Tout comportement d'un organisme qui se produit en réaction à un stimulus.
- Conditionnement : Un type d'apprentissage dérivé de l'association entre les stimuli et les réponses.
- Renforcement positif : Toute conséquence d'un comportement qui augmente la probabilité qu'il se reproduise.
- Châtiment : conséquence d'un comportement qui diminue la probabilité que ce dernier se reproduise.

Wundt : la naissance de la Psychologie Expérimentale

Wilhelm Wundt (1832-1920), considéré par beaucoup comme "le père de la psychologie", fonda les bases de ce qui deviendra plus tard le comportementalisme dans l'université de sa ville natale : Leipzig. Wundt créa le premier laboratoire de psychologie scientifique et utilisa systématiquement les statistiques et la méthode expérimentale pour en extraire des règles générales concernant le fonctionnement des processus mentaux et la nature de la conscience.

Les méthodes de Wundt reposaient en grande partie sur l'introspection ou l'auto observation, une technique dans laquelle les sujets expérimentaux fournissaient des données concernant leur expérience et donc leur états subjectifs. En effet, la psychologie se différencie de la physiologie par son côté introspectif. Wundt instaura une méthodologie dite "méthode psychophysique", qui explique les nombreux procédés d'expérimentations lors d'analyses psychologiques. A travers ses nombreux essais et découvertes, Wundt notera de nombreuses différences entre la psychologie sous divers aspects, et mettra donc en place la méthode "individuelle", se focalisant sur un individu, et la méthode "génétique", qui catégorise des types d'individus. Il sera également très enclin à lire des livres sur la méthode dite "historique", en cherchant des réponses aux comportements suite à des mouvements historiques, des évènements, du langage, des religions...

Watson : la psychologie vue par le comportementalisme

John Broadus Watson (1878-1985) faisait partie des détracteurs de la pensée de Wundt et critiquait l'utilisation de la méthodologie introspective de Wundt et de ses disciples. Lors d'une conférence en 1913 considérée comme la naissance du comportementalisme, Watson a déclaré que pour être vraiment scientifique, la psychologie devait se concentrer sur les comportements manifestes plutôt que sur les états mentaux et les concepts tels que la "conscience" ou l' "esprit" qui ne pouvaient pas être analysés de manière scientifique.

Watson rejeta également l'idée de la conception dualiste d'une séparation entre le corps et l'esprit (ou l'âme) et estimait que le comportement des personnes et des animaux devait être étudié de la même manière puisque, si l'on mettait de côté la méthode introspective, il n'y aurait pas de différence réelle entre eux.

Dans une expérience célèbre et controversée encore aujourd'hui, Watson et son assistante Rosalie Rayner ont réussi à provoquer une phobie à des souris et à un bébé de neuf mois ("petit Albert") afin de prouver les comportement béhavioriste. En se penchant sur les découvertes de Pavlov, Watson réalisa l'expérience suivante : il présentait un rat au petit Albert, qui n'était pas effrayé du tout par l'animal. Mais à chaque fois que le rat était présenté, Watson et Rayner produisaient un bruit assourdissant en frappant une barre en métal avec un marteau. Au bout de seulement quelques répétitions, Albert avait associé le rat et le bruit douloureux. Dès lors, Albert fut pris d'une peur panique dès que le rat était posé devant lui. Cette affaire, bien que très critiquée, a montré que le comportement humain est non seulement prévisible mais aussi modifiable, poussant l'expérience et les théories de Pavlov encore plus loin.

La boîte noire

Pour Watson, les êtres vivants sont comme des "boîtes noires", dont l'intérieur est impossible à observer. Lorsque des stimuli externes nous frappent, nous réagissons en conséquence. Du point de vue des premiers comportementalistes, bien que des processus intermédiaires existent et se produisent dans l'organisme, puisqu'ils ne sont pas observables, ils doivent être ignorés lors de l'analyse du comportement.

Les expériences et théories de Watson eurent leur petit effet dans le monde scientifique, et au milieu du XXe siècle, les comportementalistes ont revu cette position. Sans pour autant vouloir minimiser les processus inobservables qui se produisent directement dans le corps, ils ont fait remarquer que la psychologie n'a pas besoin d'en tenir compte pour expliquer les logiques qui sous-tendent le comportement. Burrhus Frederic Skinner (1904 - 1990), par exemple, se caractérise par le fait qu'il accorde la même importance aux processus mentaux qu'aux comportements observables, afin de concevoir la pensée comme un comportement verbal.

Certains néo-comportementalistes tels que Clark Hull (1884 - 1952) et Edward Tolman (1886 - 1959) ont inclus des processus intermédiaires (ou variables intermédiaires) dans leurs modèles. Hull accorde de l'importance à l'impulsion, à la motivation interne ou à l'habitude, tandis que Tolman affirme que nous construisons des représentations mentales de l'espace (cartes cognitives).

Watson et le comportementalisme en général ont été influencés de manière significative par deux auteurs :

Ivan Pavlov (1849 - 1936) et Edward Thorndike (1874 - 1949).

Le conditionnement classique : les chiens de Pavlov

Ivan Petrovich Pavlov (1849-1936) était un physiologiste russe qui a remarqué, lors d'expériences sur la sécrétion de salive chez les chiens, que ces animaux salivaient de manière anticipée lorsqu'ils voyaient ou sentaient la nourriture ou même simplement lorsque les maîtres qui les nourrissaient s'approchaient d'eux. Plus tard, il a pu les faire saliver lorsqu'ils entendaient le son d'un métronome, d'une cloche, ou lorsqu'ils voyaient une lumière s'allumer parce qu'ils associaient ces stimuli à la présence de nourriture.

À partir de ces études, Pavlov a théorisé et décrit le "conditionnement classique", un concept fondamental dans la psychologie du comportement, grâce auquel les premières interventions basées sur des techniques de modification du comportement chez les êtres humains ont été développées. Pour comprendre comment fonctionne le conditionnement classique, il faut d'abord savoir avec quels stimuli nous travaillons.

Un stimulus non conditionné (c'est-à-dire qui ne nécessite aucun apprentissage pour provoquer une réponse) provoque une réponse non conditionnée. Dans le cas des chiens, la nourriture provoque spontanément la salivation. Si vous associez de manière répétée le stimulus non conditionné (la nourriture) à un stimulus neutre (par exemple, une sonnette), le stimulus neutre finira par produire la réponse inconditionnée (salivation) sans qu'il soit nécessaire de recourir au stimulus non conditionné.

Pavlov n'a pas besoin de se préoccuper du concept d'esprit car il conceptualise les réponses comme des réflexes qui se produisent après l'apparition de stimuli externes. L'être humain est, d'après lui, tout aussi conditionné que les chiens sur lesquels il expérimentait. Le "chien de Pavlov" eu un énorme impact sur la communauté scientifique. En effet, cela fut une des premières fois, avec l'expérience du Petit Albert, que les scientifiques ont démontré que nous pouvons réagir à des stimuli tout à fait inhabituels, et donc altérer ou adapter notre comportement selon des facteurs externes, souvent inconscients.

Les animaux dans le comportementalisme

Les psychologues qui se sont reconnus comme appartenant au courant de la psychologie comportementale classique ont souvent utilisé des animaux pour leurs études. En effet, pour les béhavioristes, les animaux sont considérés comme similaires aux humains en termes de comportement. Les principes d'apprentissage extraits de ces études sont dans de nombreux cas étendus aux êtres humains, même si les psychologues comportementalistes tentent toujours de respecter une série d'hypothèses épistémologiques justifiant ce processus. Cependant, il ne faut pas oublier qu'il existe divers aspects du comportement qui varient selon les espèces.

L'observation systématique du comportement animal sera la première étape vers l'éthologie et la Psychologie Comparative. Konrad Lorenz (1903 - 1989) et Nikolaas Tinbergen (1907 - 1988) sont deux des plus importants représentants de ces courants.

Conditionnement des instruments : les chats de Thorndike

Edward Lee Thorndike (1874-1949), le contemporain de Pavlov, a réalisé plusieurs expériences avec des animaux pour étudier l'apprentissage. Il a introduit des chats dans des "boîtes à problèmes" pour étudier s'ils pouvaient en sortir et comment.

Dans les boîtes, Thorndike a inséré différents éléments avec lesquels les chats pouvaient interagir, comme un bouton ou un anneau, et seul le contact avec l'un de ces objets pouvait faire ouvrir la porte de la boîte. Au début, les chats ont pu sortir de la boîte par essais et erreurs, puis, à mesure qu'ils répétaient leurs tentatives, ils ont pu en sortir de plus en plus facilement, car ils associaient l'objet avec la promesse de leur liberté.

À partir de ces études, Thorndike a formulé la "loi de l'effet", qui stipule que si un comportement a un résultat satisfaisant, il est plus probable qu'il se répète. À l'inverse, si le résultat est insatisfaisant, cette probabilité diminue. Plus tard, il formulera la "loi de l'exercice", qui stipule que les apprentissages et les habitudes qui sont répétés sont renforcés, tandis que ceux qui ne sont pas répétés s'affaiblissent.

Les études et les travaux de Thorndike ont introduit le concept de conditionnement instrumental. Selon ce modèle, l'apprentissage est une conséquence du renforcement ou de l'affaiblissement de l'association entre un comportement et ses conséquences. Ces recherches et découvertes ont servi de base à la formulation de nouvelles propositions plus tard, lorsque le comportementalisme pur prit forme.

Le comportementalisme radical de Skinner

Les propositions de Thorndike furent le point de départ de ce que nous appelons aujourd'hui le conditionnement opérationnel. Néanmoins, ce paradigme ne fut pas pleinement développé avant l'apparition des travaux de Burrhus Frederic Skinner (1904-1990).

Skinner introduisit les concepts de renforcement positif et négatif dans la communauté scientifique. D'après lui, le renforcement positif est défini comme le fait de récompenser une conduite en offrant quelque chose, tandis que le renforcement négatif est le retrait ou l'évitement d'un événement désagréable. Dans les deux cas, l'intention est d'augmenter la fréquence et l'intensité de l'occurrence d'un comportement donné.

Skinner a défendu un comportementalisme radical qui croit que tout comportement est le résultat d'associations apprises entre des stimuli et des réponses. L'approche théorique et méthodologique développée par

Skinner est connue sous le nom d' "analyse expérimentale de la conduite".

Développement du comportement : la révolution cognitive

La popularité du mouvement comportementaliste commença à décliner dans les années 1950, alors que, presque en même temps, l'approche de la psychologie cognitive s'est imposée chez les psychologues. Le cognitivisme est un modèle théorique né en réaction à l'accent radical du comportementalisme sur la conduite manifeste, laissant de côté la cognition. L'inclusion progressive de variables intervenantes dans les modèles comportementalistes a grandement favorisé ce changement de paradigme, également connu sous le nom de "révolution cognitive". En effet, de nombreux chercheurs refusaient l'idée simpliste que les animaux et les humains sont foncièrement identiques en matière de comportement. Ils ont donc pris toutes ces études au revers et se sont penchés vers l'humain uniquement, plutôt que sur l'expérimentation animale.

Dans la pratique psychosociale, les concepts et les principes du comportementalisme et du cognitivisme ont fini par converger dans ce que l'on appelle aujourd'hui la thérapie cognitivo-comportementale (TCC), qui se concentre sur la recherche de programmes de traitement mieux étayés par des preuves scientifiques et inspirée du stoïcisme. A travers ce processus, les thérapeutes et les patients travaillent ensemble, et le patient peut également s'entraîner hors session. En effet, il existe des méthodes de contrôle de la pensée, de respiration, de focalisation sensorielle, de jeux de rôles... Les techniques sont larges et c'est pourquoi une communication entre le patient et le thérapeute doit être constante et aussi claire que possible, afin de trouver le meilleur remède de développement pour résoudre les problèmes. Cette thérapie est encore utilisée actuellement pour traiter des troubles mentaux comme l'agoraphobie, le syndrome de stress post-traumatique, les troubles bipolaires, psychose, alcoolisme ou encore la boulimie.

Les thérapies de troisième génération développées ces dernières années reprennent une partie des principes du comportementalisme radical, en réduisant l'influence du cognitivisme. Quelques exemples sont ceux de la thérapie d'acceptation et d'engagement ou de la thérapie d'Activation Comportementale pour la dépression.

Forces et faiblesses du comportementalisme

Nous l'avons déjà présenté au paravant : le comportementalisme est basé sur des comportements observables. Ceci implique donc que, lorsqu'il s'agit de quantifier et de collecter des données pour mener une étude avec cette approche, il n'est pas difficile de les trouver.

En outre, cette approche est très utile pour modifier les comportements inappropriés ou nuisibles, tant chez les enfants que chez les adultes. Il existe de nombreuses techniques thérapeutiques efficaces dans ce domaine, telles que l'analyse du comportement.

Mais cette théorie n'est pas sans son innombrable lot de faiblesses. Selon de nombreuses critiques, le comportementalisme est une approche unidimensionnelle pour la compréhension du comportement humain. Selon eux, les théories du comportement ne tiennent pas compte de la volonté, du libre arbitre ou des influences internes telles que les humeurs, les pensées et les sentiments. En effet, mise à part l'expérience du petit Albert, de nombreuses expériences et expérimentations se firent sur des animaux, aux comportements bien moins nuancés que ceux des êtres humains.

En outre, ceci n'explique pas comment d'autres types d'apprentissages se produisent sans qu'il soit nécessaire de les renforcer et de les punir. D'autre part, les personnes et les animaux peuvent adapter leur comportement lorsque de nouvelles informations sont introduites, même si ce comportement spécifique a été établi par un renforcement.

La psychologie du comportement par rapport à d'autres perspectives

L'un des principaux avantages du comportementalisme est qu'il a permis aux chercheurs d'analyser les comportements observables de manière scientifique et systématique. Malgré cela, de nombreux experts affirment que le comportementalisme est resté trop limité en ce qui concerne certaines influences importantes dans le comportement. Pour Sigmund Freud (1856 - 1939), par exemple, le comportementalisme était limité car il ne tenait pas compte des pensées de l'inconscient ni des sentiments et des désirs qui influencent les actions des gens. D'autres penseurs, tels que Carl Rogers (1902 - 1987) et d'autres psychologues humanistes comme lui, pensaient que le comportementalisme était trop rigide et limité parce qu'il ne tenait pas compte de l'importance des actions personnelles.

3 approches de l'étude de la personnalité

La psychologie comportementale n'a pas été la seule à tenter d'expliquer pourquoi l'être humain se comporte d'une certaine manière : d'autres approches psychologiques et scientifiques ont tenté de théoriser le concept de "personnalité".

La célèbre phrase de Burham "tout le monde sait ce qu'est la personnalité, mais personne ne peut l'exprimer avec des mots" décrit l'une des plus grandes difficultés dans l'étude de cette construction psychologique. Si vous cherchez une définition scientifique de ce concept, vous pouvez en trouver pratiquement une par auteur. Néanmoins, nous pouvons considérer la personnalité comme une construction qui inclut certains traits qui interviennent dans le comportement des gens.

En ce qui concerne l'étude de la personnalité, un certain nombre de problèmes psychologiques se sont posés ; les principaux concernaient la création d'outils permettant de la mesurer et une approche claire qui serait donc un point de départ pour la recherche sur la personnalité. Nous allons découvrir ici trois des principales approches et modèles qui furent adoptés pour étudier ce domaine : internaliste, situationniste et interactionniste.

L'approche internaliste

Cette approche théorique conçoit les personnes comme des déterminants fondamentaux actifs de leur conduite manifeste. Les principales caractéristiques à étudier seraient donc les variables personnelles du sujet. Dans ce modèle, l'important est donc de connaître les traits de personnalité de chacun.

Il s'agit d'un modèle personnaliste, on en déduit donc qu'il est également stable et cohérent. Cela signifie que, selon les partisans de cette approche, la personnalité est maintenue dans le temps et dans différentes situations. Ainsi, si vous pouvez isoler les traits de personnalité d'un individu, vous pouvez prévoir son comportement futur. Cette approche a donné lieu à de nombreux tests qui tentent de mesurer la personnalité et même ses traits, comme le Big Five Inventory (BFI). Celui-ci fut extrêmement populaire pour la communauté non-scientifique, car ce modèle est clair et facile à analyser.

Néanmoins, au vu des preuves scientifiques actuelles, ce modèle est aujourd'hui considéré comme dépassé, simpliste et irréaliste. À première vue, il est clair que les gens modifient leur comportement en fonction du contexte ; nous ne nous comportons pas de la même manière lorsque nous sommes en famille et lorsque nous sommes entre amis ou au travail. De plus, essayer de regrouper la personnalité d'un sujet en un certain nombre de facteurs stables qui sont des prédicateurs d'un comportement manifeste est vraiment complexe. Les données obtenues à partir des tests de personnalité nous montrent plutôt l'idée que se fait un sujet de lui-même et non sa véritable personnalité.

La personnalité est bien plus complexe que l'on veut le croire et ne peut donc pas être réduite à l'ensemble de certaines variables personnelles. Une étude plus exhaustive de la personnalité est nécessaire pour en comprendre réellement la profondeur.

L'approche situationniste

Contrairement à l'approche précédente, celle-ci considère l'être humain comme une personne passive et réactive selon le contexte dans lequel elle se trouve. Ce qui aide à prédire son comportement, ce sont les variables de situation. Dans ce modèle, aucune importance n'est accordée aux traits et aux qualités d'une personne : la force de la situation dans laquelle la personne est plongée a le plus de poids et détermine donc ses actions et réactions.

Cette approche repose sur l'hypothèse que toute conduite est apprise. D'après l'approche situationniste, l'être humain est une page blanche, et son comportement est donc basé sur ce qu'il a assimilé au fil du temps et de ses apprentissages et découvertes. C'est pourquoi nous devons étudier les processus d'apprentissage par lesquels nous acquérons de nouvelles manières d'agir. C'est là que l'approche stimulus-réponse, très typique du paradigme de la psychologie comportementale vue précédemment, voit le jour.

Cette approche est plus réaliste en considérant l'instabilité et la spécificité de la personnalité, mais elle tombe dans l'erreur d'être trop réductrice. En effet, elle laisse de côté toutes les variables de la personnalité car il est évident que l'attitude d'un sujet a des répercussions sur son comportement. Si ce n'était pas le cas, nous nous comporterions tous de la même manière face à la même situation.

L'approche interactionniste

Dans une tentative d'unir les deux perspectives que nous venons de décrire et de résoudre les erreurs et les limites de chacune, le modèle interactionniste de la personnalité est né. Ce paradigme conçoit la conduite comme étant déterminée par l'interaction entre les variables personnelles du sujet et les variables situationnelles. Un aspect important à prendre en compte dans notre résonnement est que la personnalité est le produit de l'interaction entre le sujet et le contexte.

Cette approche considère la personne comme un sujet actif qui observe et construit un monde à travers sa propre perception et sa forme d'action. L'interaction des variables personnelles avec la situation dans laquelle l'individu est immergé est ce qui déclenche un comportement ou un autre. Néanmoins, deux aspects doivent être pris en compte :

- Lorsque nous parlons de variables personnelles, nous faisons référence aux facteurs cognitifs de la personne.
- Lorsque nous parlons de situation, nous faisons référence à la perception individuelle du contexte par le sujet, et non à ses caractéristiques objectives.

Il s'agit donc d'un modèle assez exhaustif qui dépasse les limites des deux précédents. Un point faible de l'approche interactionniste en ce qui concerne l'étude de la personnalité est qu'elle montre une réalité difficile à explorer et à étudier. Cela est dû au fait qu'elle soutient que la conduite est le produit de facteurs cognitifs inaccessibles et d'une construction du contexte pratiquement impraticable. Néanmoins, l'approche interactionniste est sans doute un modèle intéressant pour l'étude de la personnalité, si l'on prend compte de ces deux facteurs et de nombreux risques de biais auxquels nous allons être confrontés lorsque nous abordons l'approche interactionniste.

2.

COMMENT ANALYSER LE COMPORTEMENT D'UNE PERSONNE

Nous avons désormais passé en revue les courants philosophiques du XXe siècle, qui furent le crucial point de départ des travaux d'analyse de comportement humain. Dans ce chapitre, nous allons découvrir comment analyser les comportements auxquels nous sommes confrontés au quotidien, et comment adapter le sien en fonction des circonstances.

L'étude de la personnalité doit être réalisée en tenant compte du fait que la personne évolue dans des situations qui à leur tour sont immergées dans une société et une culture déterminée. Il est donc important d'étudier et de considérer en détail la situation dans laquelle se trouve le sujet.

Comme nous l'avons déjà mentionné, il est bien connu que l'analyse des variables personnelles dans l'étude du comportement dépend du degré de structuration des situations dans l'étude de la personnalité : si elles sont fortement structurées, les possibilités de variations individuelles sont presque nulles. Cependant, au fur et à mesure que la situation offre plus d'ambiguïté, des manifestations comportementales différentielles apparaissent chez les individus qui y sont confrontés.

Avant toute chose, sachez qu'il n'y a pas de formule magique ou de recette secrète pour analyser les comportements d'une personne. Néanmoins, certains éléments sont des facteurs importants qui aident à déceler le mensonge ou les réactions surprenantes. L'environnement, la situation, les antécédents, tous sont des arguments à prendre en compte avant même de commencer l'analyse d'un comportement.

Déterminant externe : la situation

Les données des études récentes nous permettent de conclure que le processus d'interaction doit être étudié comme une unité d'analyse, sans oublier que les variables personnelles et situationnelles intégrées dans ce processus doivent être connues. Bien que les variables personnelles aient été largement étudiées, cela ne s'est pourtant pas produit avec le même niveau d'approfondissement pour les variables situationnelles. Selon Magnùsson, trois raisons justifient l'analyse de la situation :

- La conduite a lieu dans des situations, elle n'existe que dans une situation et ne peut être conçue sans elle.

- La prise en compte de la situation dans les théories permettra d'avoir des modèles plus fonctionnels pour expliquer la conduite.
- Une connaissance plus systématique des situations contribue à des explications plus efficaces en psychologie.

Analyse de la situation

Le monde extérieur peut être organisé selon deux niveaux d'amplitude, macro et micro, en fonction de sa proximité avec l'individu. À leur tour, ces niveaux d'amplitude dépendront des caractéristiques physiques ou objectives et des caractéristiques sociales, psychologiques et subjectives.

- L'environnement macro-physique : tel que les rues, les parcs, les bâtiments, etc.
- L'environnement microphysique : comme les meubles ou les objets présents dans une pièce.
- L'environnement macro-social : comme les lois, les normes ou les valeurs qui sont communes dans une société ou une culture.
- L'environnement micro-social : tel que les normes, attitudes, habitudes, etc. du groupe et des personnes avec lesquelles l'individu interagit directement. Dans une certaine

mesure, il est unique pour chaque individu ou groupe.

Une autre façon de caractériser l'analyse du monde extérieur est de calculer la durée de son influence. Endler définit le contexte (environnement) comme quelque chose de général et de persistant dans lequel la conduite se déroule, alors que la situation serait le cadre momentané et transitoire. Les stimuli seraient des éléments de la situation.

Selon les différentes approximations qui ont été étudiées en psychologie, la situation peut être analysée sous trois angles différents :

- **Perspective écologique ou environnementale** : Analyse les contextes en termes de caractéristiques physiques dans lesquels le comportement a lieu, en partant de l'hypothèse qu'ils ont plus d'influence sur le comportement que les caractéristiques de la personne. En d'autres termes, ils se concentrent sur le contexte objectif, indépendamment des processus psychologiques que les personnes ressentent. En effet, l'unité de base de l'étude sont les scénarios de conduite (contextes qui se produisent naturellement, non créés par l'expérimentateur). Ceux-ci ont les propriétés suivantes :

- Ils incluent des modèles fixes de comportement extérieur aux individus dans des coordonnées spatio-temporelles spécifiques.
- Ils considèrent des ensembles d'éléments de scénarios non comportementaux (physiques).
- Il faut considérer qu'il existe une interdépendance entre les caractéristiques physiques, temporelles et géographiques du contexte et les modèles de sa propre culture.

Le scénario de comportement a donc des limites physiques. Le contexte psychologique est une représentation subjective de la situation objective dans laquelle se trouve la personne à un moment précis. Le contexte écologique a une existence plus durable et plus objective, indépendamment des processus psychologiques d'une personne spécifique.

L'étude de scénarios de conduite permet d'étudier les programmes communautaires dans les écoles, les lieux de culte, etc. Ces situations sont tellement structurées que le poids des variables personnelles dans la prédiction du comportement est minime.

- **Perspective comportementale** : Les contextes sont décrits en fonction de leur structure (caractéristiques physiques) et de leur fonction de stimulus (renforcement, punition, etc.). Les gens peuvent participer activement à leur relation avec le contexte, mais cela ne signifie pas qu'ils sont des agents autonomes dans le contrôle de leur comportement.

- **Perspectives sociales** : Elles étudient les épisodes sociaux (séquences d'interaction qui constituent des unités de conduite naturelles et qui se distinguent par des limites symboliques, temporelles et physiques). L'attention est portée sur la perception et la représentation cognitive des situations.

Ces trois perspectives se distinguent par trois aspects :

- L'accent mis sur les caractéristiques personnelles.
- Le poids accordé aux aspects objectifs par rapport aux aspects subjectifs de la situation.
- Leur prise en compte de l'espace et du temps.

Les situations peuvent être analysées en fonction de la façon dont elles sont perçues et interprétées, c'est-à-dire en fonction de leur valeur stimulante. En général, deux stratégies principales ont été utilisées :

1. **Jugements de similarité inter-situationnelle** : Les sujets sont invités à juger de la similarité entre

les situations présentées par le biais de descriptions verbales.

2. **Analyse de prototype** : Dans laquelle des prototypes ou des exemples idéaux d'une catégorie sont utilisés. On part du principe que les situations présentent une variété d'attributs qui sont perçus et interprétés par les individus, sur la base de schémas cognitifs qu'ils ont déjà.

Si l'on demande aux sujets de générer des prototypes, des prototypes consensuels peuvent être obtenus (en créant une moyenne des caractéristiques énumérées par les sujets). Ces prototypes suggèrent que les gens partagent des ensembles de croyances définies sur les caractéristiques des différentes situations.

Georg Cantor (1845 - 1918) a mesuré la similarité des prototypes, constatant que ceux qui appartiennent à la même catégorie ont plus en commun que ceux qui appartiennent à des catégories différentes. Il semble donc qu'une partie importante de la connaissance commune des situations soit de nature psychologique (les prototypes offrent à l'individu des attentes sur les conduites les plus probables ou socialement appropriées dans des situations données).

Ce chercheur a également mesuré le temps nécessaire aux sujets pour former l'image après la lecture du stimulus et a constaté que les situations sont imaginées plus rapidement. Viennent ensuite les gens et enfin les personnes individuelles. Ce type de démarche a eu un effet remarquable, car les expérimentations étaient à l'opposé des résultats imaginés. Cela suggère qu'il existe des différences dans l'accessibilité et la richesse de ces multiples informations.

Ses études nous permettent d'analyser quels comportements anticipent les sujets comme les plus probables dans une situation donnée. En fait, plus une situation est prototypique, plus le consensus sur la conduite qui y sera adoptée est grand.

L'importance de la culture

La psychologie de la personnalité se déplace pour certaines valeurs sociales et culturelles qui peuvent avoir des conséquences sur les interprétations que nous faisons des conduites. Ces aspects culturels sont importants car ils déterminent de nombreux processus psychologiques et ont des conséquences sur la personnalité (et sur la conception que chacun a de lui-même).

La culture comprend ce qui est transmis de génération en génération dans une société donnée : processus, habitudes, règles, croyances et valeurs partagées qui, entre autres, affectent le type d'information considérée comme importante par les individus. Les humains diffèrent dans la mesure où ils adoptent ou remplissent les valeurs et les comportements du groupe culturel auxquels ils appartiennent, et d'autres sous-cultures peuvent être trouvées dans la même culture.

Le processus par lequel une culture est transmise a le nom de "acculturation" ; à la suite de ce processus, nous pouvons interagir avec des personnes de notre propre culture parce que nous partageons le même langage verbal et non-verbal.

Les cultures diffèrent sur des aspects fondamentaux tels que :

- La vision de la nature humaine comme essentiellement bonne, positive, mauvaise ou perverse ainsi que le degré de défense de la possibilité de changement individuel.

- La relation entre l'homme et la nature. Dans les sociétés industrialisées, la nature est au service de l'homme alors que dans les peuples indigènes, l'homme dépend de la nature. Dans les sociétés orientales, la tranquillité est obtenue en étant en harmonie et en équilibre avec la nature.

- La perception du temps qui passe. À l'Ouest, une grande importance est accordée à l'avenir, au Sud de l'Europe au présent, et à l'Est au passé et à la tradition.

- Les formes habituelles de relations entre les membres. Dans les sociétés individualistes, la satisfaction personnelle est attendue des relations avec les autres. Dans les sociétés collectivistes au contraire, l'harmonie dans les relations et la collaboration de chacun au bien-être collectif sont valorisées, et la dissolution de l'ego est très présente dans le quotidien.

De plus, les cultures et peuples sont influencés par des variables écologiques. Par exemple, les cultures qui vivent dans des zones très élevées au-dessus du niveau de la mer voient leurs possibilités de diffusion culturelle réduites et, par conséquent, leur culture est plus homogène. Ces peuples auront donc une plus grande propension à considérer la nature comme toute-puissante, s'adaptant au monde naturel plus qu'en essayant de la dominer. Ne pouvant que peu propager et partager leurs connaissances et leur savoirs à d'autres cultures, ils se spécialisent souvent dans des domaines (construction, philosophie...), leur offrant de grands avantages stratégiques dans des domaines spécifiques.

Les dimensions culturelles

Les cultures diffèrent en complexité, de par de nombreux facteurs externes qui sont mesurables et tangibles. Les indices sont les suivants : revenu par habitant, taille de la ville, pourcentage de la population urbaine et rurale, ordinateur par personne, etc. Dans les cultures complexes, il y a plus de choix et par conséquent de modes de vie et de sub-cultures, malgré leur côté homogène.

Elles diffèrent également par la rigidité des règles. Les sociétés isolées ont tendance à être hermétiques (elles ne se laissent pas influencer par les sociétés voisines). Par conséquent, celles-ci ont des idées claires et des directions précises sur ce qui constitue un comportement approprié et appliquent des sanctions aux personnes qui ne respectent pas les règles.

Les cultures diffèrent également par leur caractère individualiste ou collectiviste. Plus une culture est souple, plus elle est susceptible d'être individualiste : plus ses règles sont strictes, plus elle aura tendance à être collectiviste. Dans les sociétés individualistes, les gens sont autonomes et indépendants de leurs groupes : ils donnent la priorité à leurs objectifs, leur autonomie est mise en valeur, ainsi que leur droit à l'intimité, etc.

Dans les sociétés collectivistes, l'accent est mis sur l'identité collective : la dépendance, la solidarité de la communauté, le partage des tâches et les décisions de groupe. Pour définir une culture comme individualiste ou collectiviste, il faut tenir compte de la situation :

- La définition du "moi", qui peut mettre l'accent sur les aspects personnels ou collectifs.
- Quels sont les objectifs prioritaires, ceux personnels ou de groupe.
- Quels types de relations sont renforcés entre les membres, celles d'échange ou celles d'égalité.

- Quels sont les déterminants les plus importants pour la conduite sociale, les attitudes ou les règles.

Au sein du collectivisme et de l'individualisme, il existe de nombreuses variétés de dimensions et de codes de conduites instaurés de manière naturelle au fil de l'évolution. La plus étudiée est la dimension horizontale-verticale des relations, selon que l'on insiste respectivement sur l'égalité ou la hiérarchie.

La relation horizontale-verticale est un élément qui définit des relations de manière organique. En effet, les gens peuvent être plus ou moins proches selon leurs liens affectifs (mêmes goûts et affinités), la situation communicative (famille ou travail), et le degré de leurs connaissances. Ainsi, nous nous comporteront différemment avec un inconnu dans une situation extrême plutôt qu'avec un membre de sa famille. Cela va également de soi lorsque l'individu est confronté à son supérieur hiérarchique, ou se retrouve en charge d'une situation (par exemple lorsqu'il va au restaurant). On retrouve ce genre de relation au quotidien, et ces codes régissent notre manière de nous comporter de manière inconsciente de manière non-négligeable.

Analyse comportementale appliquée : définition, techniques et utilisations

L'analyse comportementale appliquée est un processus scientifique-pratique qui trouve son origine dans le comportementalisme radical de B.F. Skinner, vu ci-dessus. Il est évident qu'elle a considérablement évolué par rapport à l'époque où des pionniers comme Skinner ont commencé à développer le paradigme du conditionnement opérationnel.

Définition

Le terme "analyse comportementale appliquée" désigne un type de processus qui utilise les principes et les techniques de la psychologie de l'apprentissage pour modifier le comportement des personnes ayant besoin d'aide. Plus précisément, l'analyse comportementale appliquée est basée sur le paradigme opérationnel skinnérien.

En général, elle consiste à remplacer les comportements inappropriés par des comportements fonctionnellement équivalents mais plus souhaitables. Pour ce faire, il est nécessaire de mener à bien, en premier lieu, une analyse du comportement : c'est-à-dire de déterminer les contingences entre la réponse, la motivation à l'exécuter, les stimuli qui la précèdent et les conséquences qui la maintiennent.

Cette discipline a été appliquée de manière particulière pour promouvoir l'éducation des enfants atteints de troubles du spectre autistique (TSA), notamment en cas de déficit dans le domaine du langage. Elle est également utilisée avec des personnes ayant des difficultés intellectuelles ou physiques, souffrant de troubles mentaux graves, dépendantes de substances ou dans des contextes non cliniques ou éducatifs.

Techniques et méthodes utilisées

L'analyse de la conduite appliquée, comme c'est le cas pour le conditionnement en général, repose largement sur le concept de renforcement. Celui-ci est défini comme le renforcement d'une réponse spécifique au cas où sa réalisation aurait des conséquences positives pour ceux qui l'exécutent.

Dans ce contexte, tant le retrait des renforcements relatifs aux comportements indésirables, c'est-à-dire les "extinctions", que l'application de nouveaux renforcements après la mise en œuvre de comportements à consolider, sont fondamentaux. Il est préférable que le renforcement soit immédiat, mais au-delà de cela, le plus important est de l'individualiser.

Un autre élément clé de l'analyse comportementale appliquée est le degré élevé de structuration des processus en vigueur. Cela permet une évaluation systématique des progrès réalisés dans le traitement ou la formation. Certaines des techniques psychologiques les plus courantes dans l'analyse comportementale appliquée sont la modélisation (apprentissage par observation et imitation), le modelage (raffinement progressif d'une réponse), la concaténation (division de comportements complexes en segments) et le renforcement différentiel des comportements incompatibles avec ceux que l'on tente d'éliminer.

Applications de cette discipline

Comme nous l'avons déjà mentionné dans les chapitres précédents, les procédures les plus caractéristiques de l'analyse comportementale appliquée sont celles liées aux troubles du spectre de l'autisme, au syndrome d'Asperger et à d'autres troubles généralisés du développement. Les principaux aspects de ces troubles sont les déficits de communication, d'interaction sociale et de la variété du répertoire comportemental.

Dans ces cas, l'analyse comportementale appliquée présente une grande variété d'avantages tels que le développement et le raffinement de la parole ou d'autres aspects procéduraux ; par exemple, il est fréquent que les enfants atteints de ces troubles aient des difficultés à acquérir des compétences de base en matière d'autogestion de la santé.

D'un point de vue clinique, l'analyse comportementale appliquée peut être apposée à pratiquement tout type de problème car il s'agit d'un schéma d'intervention très général et souvent étudié au sens large afin de comprendre un ensemble. Néanmoins, il peut être particulièrement utile pour consolider les comportements alternatifs à ceux qui caractérisent la pathologie spécifique d'un individu.

En plus de l'éducation et la psychologie clinique, d'autres domaines dans lesquels cette technique peut être utilisée sont la promotion de la santé et de l'exercice physique, les interventions médicales, la sécurité au travail, la gestion de la démence et le traitement et le soin des animaux.

Analyse fonctionnelle de la Conduite

Si nous réfléchissons à la pratique clinique des psychologues et des psychothérapeutes, chaque professionnel a une manière et des techniques de travail bien différentes avec chacun de ses patients. En effet, la psychothérapie et psychanalyse sont des domaines scientifiques bien différents du monde médical, car l'on touche au comportement individuel, et rien n'est plus intime et personnel que son propre comportement. Certes, certaines habitudes peuvent être parfois généralisées, mais les comportements varient très souvent d'un être à l'autre, même si la base est la même.

Nous allons ici étudier ce qu'est l'Analyse Fonctionnelle de la Conduite et dans quelles situations elle peut être utile.

Dans la pratique clinique, l'Analyse Fonctionnelle de la Conduite est utilisée pour organiser l'information la plus importante apportée par le patient. Il est important de savoir comment le faire correctement et ensuite établir une intervention efficace sans perdre les détails de chaque aspect pertinent de la vie du sujet.

Lorsque vous utilisez cette méthodologie, vous devez vous concentrer sur plusieurs points importants :

- Les relations (fonctionnelles et non fonctionnelles)
- Les comportements observés, évalués et décrits (problématiques)
- Les événements environnementaux, historiques et personnels du sujet

Il est ainsi possible de générer un réseau d'informations dans différents domaines de la vie de la personne qui aidera le psychologue à comprendre l'origine possible du comportement de l'individu et ainsi à établir la meilleure intervention.

À quoi sert l'Analyse Fonctionnelle de la Conduite ?

Les principales utilités de l'Analyse Fonctionnelle de la Conduite sont les suivantes :

- Organiser l'information pertinente du patient
- Comprendre les problèmes et la façon dont la personne interagit avec ses différentes variables
- Identifier les variables qui peuvent affecter les comportements de la personne
- Formuler des hypothèses d'association fonctionnelle qui peuvent expliquer l'acquisition et le maintien de la conduite problématique
- Fixer les objectifs d'intervention

- Élaborer le traitement
- Appliquer le traitement
- Évaluer les résultats

Comment envisager son utilisation ?

Afin de mieux comprendre le comportement humain et l'analyse fonctionnelle, il faut tenir compte du fait que le comportement humain implique toujours une interaction avec le contexte, avec les autres ou avec soi-même.

Il y a toujours des éléments variables avec lesquels l'interaction se forme. La séquence de cette interaction est organisée de la manière suivante :antécédent stimulus-réponse-stimulation. Si le stimulus a des renforcements agréables (récompense), le comportement sera répété. A l'inverse, si ces renforcements sont désagréables (punition), une aversion pour ce comportement se développe.

De plus, l'analyse fonctionnelle du comportement aide le psychologue à disposer d'un schéma pour organiser l'information. Un élément qui se produit ou une pensée peut représenter un antécédent à un comportement, qu'il s'agisse du comportement problématique ou de celui qui en découle, par exemple la pensée "Je ne vaux rien". Par conséquent, toutes les variables possibles qui peuvent influencer la conduite problématique du sujet doivent être prises en compte.

L'importance d'une bonne élaboration

L'Analyse Fonctionnelle du Comportement est l'outil fondamental de toute thérapie psychologique. C'est donc pourquoi il est important que le professionnel l'élabore en détail et en tenant rigueur de tous les petits détails qui peuvent être importants, même s'ils ne le paraissent pas au premier abord. Le psychologue sera ainsi en mesure de comprendre pourquoi une personne maintient un comportement problématique sachant qu'il a des répercussions négatives et pourra également l'aider à réduire ou à changer ce comportement.

Comme nous l'avons vu précédemment, le comportement des personnes est étroitement lié à la situation dans un lieu et instant précis, aux antécédents et aux conséquences, ce qui permet de comprendre les aspects du contexte qui jouent un rôle déterminant. C'est la seule façon d'évaluer une intervention appropriée.

Les défis

L'application de l'Analyse Fonctionnelle de la Conduite présente plusieurs défis que tout thérapeute connaît. Découvrons-les ci-dessous.

Choisir la meilleure stratégie

Le plus important est de choisir la meilleure stratégie d'évaluation pour chaque client, car chaque sujet est comme un monde à découvrir et à explorer. Dès lors, rien ne peut être généralisé. Il est donc nécessaire de choisir les méthodes d'évaluation qui peuvent identifier les vertus, les limites et les problèmes de chaque cas spécifique. En outre, il est important de savoir comment choisir de manière correcte et efficace les objectifs thérapeutiques à atteindre pendant le traitement.

Des besoins différents

Un autre défi fréquent pour les professionnels concerne les multiples problématiques et comportements que peuvent présenter les différents clients. Une personne peut être dépressive et être dépendante à l'alcool. Dès lors, le professionnel devra s'adapter au client, qui devra avoir des objectifs et donc un traitement différent de celui d'une autre personne ayant les mêmes problèmes. Le choix du traitement dépend de l'importance accordée à chaque problème et des besoins individuels de chaque client. Ensuite, le degré de souffrance et combien les autres domaines vitaux du sujet sont compromis ainsi que ses interactions avec le contexte sont également prises en compte.

Fiabilité des données

La validité des évaluations exprimées par un professionnel dépend également des données obtenues lors de l'évaluation clinique et de l'analyse du comportement fonctionnel. Lorsqu'il y a des données non valables ou des stratégies mal structurées, la validité du cas diminue, tout comme l'efficacité de l'intervention. En ce sens, il est important que le professionnel utilise des outils psychométriques appropriés et adaptés à chaque cas, et n'hésite surtout pas à changer de méthodologie dès qu'il remarque que le traitement ne prend pas la tournure espérée.

Relations de cause à effet

Un autre défi important consiste à identifier les relations de cause à effet des problèmes, car un comportement peut être déclenché par plusieurs causes et une seule et même cause peut avoir des répercussions sur plusieurs problèmes, directement ou indirectement. Les variables et les relations causales sont importantes pour la formulation du cas et l'intervention thérapeutique.

Les gens se définissent par leur comportement et non par leurs paroles

Il est probable qu'il soit arrivé à chacun d'entre nous d'être surpris et même déçu par le comportement des autres. Cela peut entraîner une rupture dans une relation. Si une personne à qui nous faisons confiance vient rompre cet équilibre, nous pouvons nous sentir déçus et cela peut être un coup dur, et nous mener à ne plus faire confiance à l'autre, tout du moins pas autant que nous étions habitués à le faire.

Lorsque cela se produit, il peut également arriver qu'il soit difficile d'expliquer et de définir la ou les raisons pour lesquelles ce que quelqu'un a dit ou fait nous a tant affectés ; la raison est souvent que l'on a le sentiment qu'il a essayé de masquer ses véritables intentions par des mots.

En ce sens, la plupart des gens ont tendance à être assez incohérents car nous sommes habitués à promettre des choses que nous ne croyons pas vraiment ou que nous ne pouvons pas garantir. Il peut aussi arriver que nous ne remarquions pas ces incohérences et que nous nous retrouvions à exposer ce que nous considérons comme socialement acceptable sans nous demander si nous y croyons vraiment.

Dans tous les cas, nous pouvons dire ce que nous voulons dire, mais en tenant compte de ce que nous ressentons et en nous demandant si nous pouvons vraiment tenir la promesse que nous avons faite en paroles. Il est important que nous essayions de trouver un juste milieu et que nous nous efforcions d'être aussi complets et cohérents que possible, tout en veillant à ne pas blesser les autres ni même notre authenticité.

Parfois, nous nous efforçons de nous faire une idée des autres, mais nous devons tenir compte du fait que personne n'a une seule façon d'être et de se comporter dans chaque contexte et que cela dépend aussi de la situation dans laquelle il se trouve et du rôle qu'il joue.

Nous faisons souvent l'erreur d'être trop rigides lorsque nous évaluons les autres et nous nous trouvons donc facilement déçus. Néanmoins, il serait bon de s'analyser et de se rendre compte que nous aussi nous faisons des erreurs et qu'elles ne sont ni moins graves que celles des autres. Les sentiments que nous avons sont généralement passagers, mais peuvent parfois s'imbriquer d'une manière surprenante dans notre cerveau, et marquera donc notre comportement. Il est aussi plus facile de comprendre pourquoi une personne ou un comportement nous déçoit lorsque nous analysons nos propres réactions et déceptions selon les situations que nous vivons.

La solution consiste à se libérer des expectations qui nous rendent frustrés en attendant des autres des comportements qui souvent n'arrivent pas. En réalité, il est probable qu'ils ne savent même pas à quoi s'attendre puisque nous croyons que tout le monde se comporterait comme nous le ferions. Dès lors, un comportement considéré comme "normal" peut être extrêmement mal perçu par une autre personne !

S'accrocher à des attentes sur la façon dont les autres devraient se comporter est un acte involontaire et souvent inconscient, mais qui peut conduire à la souffrance et à la déception, car lorsque ce que nous voyons n'est pas ce que nous avons prévu, nous serons forcément déçus. Malgré cela, nous devons être conscients qu'en réalité, ce n'est pas l'autre personne qui a eu tort, mais plutôt notre conviction qui était trop rigide et nos attentes qui étaient trop élevées pour la situation en question.

Il n'est pas facile d'être cohérent dans ses actions car il se peut que la volonté l'emporte sur les émotions. Notre réaction émotionnelle, parfois inattendue, est une possibilité à garder à l'esprit, car elle peut surgir à n'importe quel moment. Il est donc important de s'efforcer à gérer ses émotions afin qu'elles ne prennent pas le dessus lors des moments les moins opportuns.

Ainsi, non seulement nous ne pouvons pas nous définir uniquement par ce que nous disons, mais notre comportement n'a pas non plus le dernier mot. Il est important d'évaluer chaque situation globalement et d'essayer de ne pas être déçu par les autres ou par nous-mêmes. Le contexte joue un rôle clé dans la plupart des cas ; pour évaluer un comportement, il est nécessaire de prendre en compte le contexte dans lequel le comportement s'est développé en envisageant tous les facteurs en jeu, autant externes qu'internes.

Ainsi, en dernière analyse, nous ne sommes souvent même pas ce que nous faisons. Parfois, nous nous laissons emporter par des circonstances externes et internes inadéquates et nous nous transformons en une sorte de bateau sans gouvernail poussé par le vent et les vagues, perdu.

Nous ne devons pas nous punir ou nous sentir excessivement coupables, mais nous devons éviter de trouver des excuses et de constamment construire des châteaux en Espagne. Certes, l'erreur est humaine, mais c'est une autre affaire de tromper consciemment.

5 astuces pour analyser les gens

Le monde entier parle le langage primitif qu'est le langage corporel, silencieux et d'une certaine manière universelle. C'est là que réside les éléments clés pour tenter de lire et analyser quelqu'un. En effet, les langages et les mots changent, mais les comportements physiques, eux, sont presque constants, universels et intemporels. Il est certain que l'interprétation du langage non verbal n'est pas une science exacte, mais elle doit plutôt être considérée comme une science interprétative qui réunit plusieurs autres sciences. En apprenant et maitrisant cette science, vous vous munirez d'armes de connaissances qui vous aideront à devenir un meilleur juge d'une personnalité, même si vous ne connaissez pas la personne que vous avez en face de vous. Voyons ensemble 5 astuces pour mieux comprendre les gens, ainsi que des conseils pour apprendre à entraîner votre sensibilité à interpréter le langage non verbal.

1. Conscience de la situation

Avant toute chose, il vous faut apprendre à identifier la situation dans laquelle l'évènement se déroule. Une observation consciente et attentive est essentielle pour comprendre le langage corporel. Il est également essentiel d'être conscient du contexte pour reconnaître où nous sommes à tout moment en prêtant attention à chaque élément et/ou personne qui se déplace autour de nous. Il est donc nécessaire de changer d'attitude et de ne plus "voir" mais d'apprendre à "regarder", ou plutôt observer l'autre, de façon autant macro que micro.

Un bon exercice pour apprendre à faire cela pourrait être de s'asseoir dans un bar et d'observer pendant moins de dix secondes tous les détails de ce qui se passe autour de vous. Ensuite, les yeux fermés, essayez de décrire au mieux tout ce que vous avez pu observer autour de vous durant ces quelques secondes et terminez la formation en ouvrant les yeux pour voir si ce que vous venez de décrire correspond à la réalité. De cette façon, vous aiguisez votre sens du détail et serez plus prompt à assimiler une situation générale rapidement, pour vous focaliser sur les détails importants (la façon dont deux personnes discutent, les gestes et automatismes de certains etc...) Vous pouvez également observer des évènements sportifs ou des rassemblements culturels afin d'élargir votre palette.

2. Contexte et base de référence

Les gens ont toujours un comportement de base. Cela peut être leur façon de marcher, leur capacité à maintenir le regard d'une personne pendant une période plus ou moins longue, leur tendance à croiser les bras, etc. Un changement de cette "base de référence", en tenant toujours compte du contexte, peut être un indicateur de ce qui se passe dans l'esprit d'une personne.

Un bon exercice pourrait consister à s'entraîner à discuter avec des personnes en prêtant attention aux schémas de base du comportement non verbal de chacun. Remarquez si la personne est à l'aise ou non, comment elle bouge ses mains ou différentes parties de son visage et faites-vous une idée de sa posture générale. Dans ce qui suit, décodez le contexte dans lequel cette personne se trouve et réfléchissez si ces éléments non-verbaux sont cohérents avec cette situation. En effet, le comportement de base de chaque individu reflète bien plus que l'on pourrait le croire. On peut y percevoir la confiance en soi, leur attitude sociale, et bien d'autres éléments dont nous n'avons pas conscience mais que nous faisons de manière presque automatique.

3. Modifications de la base de référence

Apprenez à prendre conscience des incohérences entre la "ligne de base" d'une personne, ses paroles et ses gestes. Les changements de comportement peuvent également indiquer des changements dans la pensée, les émotions, les intérêts et les intentions.

Chaque fois que vous observez des changements évidents dans le comportement de base d'une personne, demandez-vous pourquoi. Il est important de ne pas interpréter un seul geste hors contexte mais de s'habituer à l'ensemble pour avoir une analyse globale pour comprendre ce qui se passe. Observez également quand différents gestes et modèles de comportement se rejoignent. En effet, si une personne devient impatiente et commence à s'énerver, il n'est pas rare qu'elle aie laissé quelques "indices" avant de réagir de cette manière. Soupire-t-elle régulièrement ? Ses gestes deviennent-ils plus brusques ? Vous a-t-elle dit qu'elle était en regard à un rendez-vous au début de votre conversation ? Autant d'éléments à déceler pour mieux comprendre ces changements d'attitude que certains pourraient qualifier d'inattendus ou suprenants.

4. La vérité du mensonge

L'une des conditions préalables à clarifier est que toute personne qui se croit perpétuellement sincère et qui prétend n'avoir jamais menti, ment. Le mensonge est sain et même nécessaire dans certaines occasions. Même les animaux mentent par instinct de survie et nous aussi ! Nous sommes des animaux modernes et avons appris à gérer le mensonge pour pouvoir vivre pleinement notre vie et nous adapter aux situations autant plaisantes que déplaisantes.

Souvenez-vous d'un moment où vous avez été accusé de mentir alors que vous êtes sincère : la première réaction émotionnelle que vous ressentez et montrez est la colère. Par conséquent, gardez à l'esprit que lorsque vous soupçonnez que quelqu'un ment et que vous lui faites croire que vous croyez à sa version des faits, cette personne peut montrer de la peur et garder le silence, c'est un indice qu'elle peut cacher quelque chose.

Gardez également en tête que notre esprit pense beaucoup plus vite que le temps que nous prenons pour parler. Sur la base de ce principe, si une personne prend un certain temps pour répondre, cela peut être un indice qu'elle recrée et construit mentalement la réponse à donner.

Apprendre à lire les gens et le contexte dans lequel ils se déplacent, interagissent et communiquent est un véritable art que vous devez entraîner quotidiennement avant de sentir qu'il vous appartient et qu'il est fiable. Il ne s'agit donc pas de lire les pensées mais d'affiner de manière fluide tout le langage non verbal de chacun. En travaillant régulièrement sur vous, vous aiguiserez votre aisance à lire les gens. Mais ne vous contentez pas de lire votre entourage et les personnes que vous connaissez bien. Lancez-vous dans l'analyse de débats politiques télévisés, apprenez à lire les comportements et les tics de langages des personnes publiques, regardez des documentaires criminels et tentez d'analyser les réponses lors d'interrogatoires... Lire les gens est un domaine fascinant et beaucoup d'analystes et de comportementalistes ont des chaînes YouTube qui expliquent et démontrent très bien la meilleure façon de lire les personnes publiques ou les criminels. Vous pouvez donc apprendre constamment, car cet exercice doit se pratiquer et s'affûter régulièrement, dans le but de maîtriser cet art subtil.

3.

COMMENT DÉCHIFFRER LES ÉMOTIONS RÉELLES DE L'INTERLOCUTEUR

Ce que sont les émotions : types, exemples et comment celles-ci peuvent nous aider

Les émotions sont des réponses ou des réactions physiologiques générées par notre corps face aux changements qui se produisent dans notre environnement ou en nous-mêmes. Ces changements sont basés sur des expériences qui à leur tour dépendent des perceptions, des attitudes, des croyances sur le monde que nous utilisons pour percevoir et évaluer une situation spécifique. En fonction de cela et de nos convictions, nous réagissons d'une manière ou d'une autre à des situations similaires. La réponse émotionnelle est composée d'une multiplicités de stimuli rapides et impulsifs qui évaluent ce qui se passe et nous informent de l'impact que cela a sur nous, de manière très souvent inconsciente.

Pour résumer, on peut dire que les émotions sont des réponses que notre corps génère face à des situations qui se produisent autour de nous. Elles peuvent être chez les autres ou des autres vers nous ou de nous avec nous-mêmes. Ces émotions sont des informations sur la façon dont nous devons agir face à ce qui nous arrive afin de donner à notre corps ce qu'il considère comme nécessaire. Plus nous en savons sur eux, plus notre intelligence émotionnelle sera meilleure et plus nous aurons une vie saine car nous pourrons nous procurer à tout moment de ce dont nous avons besoin pour répondre de manière adéquate à des situations inattendues. En les identifiant correctement, il nous est également plus facile de transmettre une éducation émotionnelle aux enfants afin de les aider à grandir dans l'estime et la confiance en soi, ainsi que de leur faire comprendre et analyser leurs sentiments, qui peuvent parfois paraître oppressants.

A quoi servent les émotions

Chacun sait ce qu'est une émotion, mais il est pourtant difficile de la définir clairement. On peut néanmoins affirmer que les émotions sont porteuses d'informations et nous indiquent ce dont nous avons besoin lorsque nous sommes confrontés à différentes situations qui se produisent dans notre vie quotidienne. Les émotions sont généralement plus authentiques que les pensées, donc lorsque nous nous trouvons à penser une chose mais que nous en ressentons une autre, il vaut mieux suivre ce que le corps nous dit plutôt que ce que nous croyons imaginer. C'est pour cela que l'analyse des mouvements corporels est plus important que ce que la personne dit de manière explicite. Les émotions sont beaucoup plus dures à cacher et changer que ce que nous disons dans notre discours.

Comment les émotions peuvent-elles nous aider

En apprenant mieux le pouvoir des émotions, nous pouvons atteindre un niveau de connaissance émotionnel bien supérieur à la moyenne. En effet, nous avons trop tendance à minimiser leur impact sur notre comportement quotidien, notre discours et nos relations avec nos amis, nos collègues ou notre famille. Les émotions peuvent nous aider de nombreuses façons :

- **Apprendre à mieux se connaître :** Plus nous connaissons les réactions de notre corps aux émotions, plus nous saurons quelle émotion nous éprouvons et ce qu'elle veut nous dire de par sa manifestation. Au début, il peut être difficile de les identifier, mais avec du temps, des efforts et des exercices comme le journal émotionnel, nous n'aurons aucune difficulté à les reconnaître et à les analyser de manière pertinente.

- **Savoir ce dont nous avons besoin :** Parfois nous réagissons avec une émotion spécifique et d'autres fois avec d'autres, même si la situation est similaire. Ce qui est important, c'est de savoir ce que ces émotions signifient, ce qu'elles cherchent à nous dire et ce dont nous avons besoin.

- **Savoir les gérer et assimiler l'assouvissement de nos besoins :** Une fois qu'une émotion a été identifiée, il nous suffit de faire, de dire ou de penser ce qu'elle nous demande d'assouvir, afin de gérer cette émotion et obtenir ce qu'elle nous demande.

- Les émotions nous aident également à découvrir des souvenirs ancrés dans un sentiment qui peut continuer à nous faire sentir mal, même longtemps après les évènements ou les traumatismes.

- La connaissance et le contrôle des émotions augmentent notre estime de soi. En effet, réagir de manière adéquate face à ses émotions nous aide à être plus en harmonie avec nous-mêmes.

- Les émotions nous aident à comprendre si nous aimons vraiment les choses que nous faisons chaque jour. Par exemple, si le travail que nous faisons nous donne le sentiment d'être comblés ou si nous le faisons simplement par obligation et par routine.

- En fin de compte, les émotions nous aident à être plus heureux et nous aident à être en harmonie avec nous-mêmes et avec ceux qui nous entourent.

Types d'émotions

Lorsque nous parlons des types d'émotions, nous faisons deux classifications, un générique dans lequel nous distinguons les émotions "primaires" et "secondaires", puis nous distinguons les émotions primaires en "saines" et "malsaines". Certains universitaires distinguent les émotions positives des émotions négatives, mais on pourra ici les qualifier plutôt d'agréables et de désagréables, car elles fournissent de toute façon des informations utiles afin de mieux nous connaître.

Emotions primaires

Ce sont les émotions de base, celles qui définissent ce que nous ressentons vraiment, profondément. Quand je sens que je suis triste et qu'il n'y a pas d'autre émotion derrière, ma tristesse est une émotion primaire. Néanmoins il peut parfois y avoir quelque chose d'autre derrière notre tristesse apparente et nous pouvons ne pas en être conscients ; c'est là que les émotions secondaires entrent en jeu.

Émotions saines et malsaines

Dans la catégorie des émotions primaires, on peut distinguer les émotions saines ou "adaptatives" et les émotions malsaines ou "inadaptées". Les premières sont des réponses générées par le corps lorsque vous vous trouvez dans des situations qui se produisent ici et maintenant et qui vous obligent à répondre à un besoin et, par conséquent, il est bon de les écouter et de les satisfaire, dans la mesure du possible.

Lorsque nous réalisons que nous vivons des émotions saines, les messages ou les besoins qu'elles essaient de communiquer sont les suivants :

- **La colère** nous dit que les limites ont été dépassées ou que nous n'obtenons pas ce dont nous avons vraiment besoin.

- **La tristesse** nous dit que nous avons perdu quelque chose d'important ou que notre demande d'amour et d'affection n'est pas entièrement satisfaite.

- **La peur** nous dit que nous sommes en danger ou que nous ne sommes pas en sécurité dans une situation.

- **La surprise** nous dit que quelque chose de nouveau existe et mérite d'être étudié afin de l'assimiler.

- **Le dégoût** nous dit que nous vivons quelque chose de mauvais ou de néfaste.

- **La joie** nous indique d'avoir atteint un objectif ou que quelque chose de bénéfique nous soit arrivé.

Ces émotions adaptatives qui véhiculent ce type d'information servent à gérer la situation et à pouvoir satisfaire les besoins.

- **La colère** nous invite à fixer nos propres limites.

- **La tristesse** nous amène à pleurer ou à chercher un abri.

- **La peur** de fuir ou d'attaquer.

- **La surprise** d'enquêter à nouveau sur ce qui vient de se passer.

- **Le dégoût** d'expulser et de repousser quelque chose qui est ou va être néfaste.

- **La joie** de profiter pleinement de ce qui s'est passé ou de l'instant présent.

Les **émotions inadaptées** sont une réponse à un malaise chronique qui a peut-être été bloqué pendant des années. Ce sont des émotions primaires qui n'ont pas été gérées de manière saine et qui sont restées latentes et refont surface de manière inattendue. Par exemple, nous pouvons avoir une peur panique de faire une présentation en classe, et nous ne savons pas vraiment pourquoi, car nous maitrisons le sujet et connaissons les gens à qui nous faisons la présentation. Mais peut-être a-t-on été moqué ou critiqué dans le passé, et nous avons un sentiment de peur qui émane désormais dès que l'on fait un discours public. Parfois, elles surgissent sans que nous sachions exactement pourquoi ; c'est pourquoi ces émotions ne sont pas saines puisqu'elles sont des réactions à des événements qui se sont produits dans le passé et non à quelque chose qui se passe ici et maintenant. Ce genre d'émotions doit être traité différemment : il faut les accepter, les comprendre et finalement les changer ou adapter notre comportement face à elles.

Émotions secondaires

Les émotions secondaires sont défensives et cachent nos sentiments primaires et authentiques. Selon l'émotion en jeu, il peut être plus difficile de la reconnaître comme secondaire. En effet, il arrive régulièrement que l'émotion authentique soit cachée au plus profond de soi et par conséquent, soit très difficile à analyser et assimiler comme telle. Parfois, les émotions secondaires cachent les émotions primaires pour nous "protéger" d'elles en raison de nos croyances limitatives.

Les émotions innées de base

Lorsque nous parlons d'émotions, nous savons qu'elles sont nombreuses et que nous pouvons les ressentir de manière différente en fonction de la situation. Il est intéressant de savoir que, selon plusieurs études, il existe six émotions que l'on peut définir comme fondamentales, c'est-à-dire des émotions que chacun ressent du simple fait d'être un être humain.

Paul Ekman (1934 -) est un psychologue américain qui a passé la plus grande partie de sa vie à étudier ces émotions et les expressions faciales qu'elles suscitent. Ekman a localisé certaines tribus qui n'avaient jamais été en contact avec les sociétés telles que nous les connaissons aujourd'hui et qui étaient donc restées isolées des éventuels facteurs qui auraient pu créer d'autres émotions qui ne leur appartenaient pas naturellement. A travers ses recherches, Ekman a conclu qu'il existe six émotions de base qui correspondent aux expressions biologiques universelles de l'espèce humaine : la colère, la tristesse, la peur, la surprise, le dégoût et la joie. Voyons ci-dessous les trois émotions qui sont généralement les plus intéressantes à analyser : la tristesse, la peur et la colère.

La tristesse

La tristesse est une émotion qui apparaît dans différentes circonstances : en raison d'une distanciation, d'une séparation ou de la perte d'une liaison. Lorsque nous avons l'impression d'être au pied du mur, de ne pas appartenir à un groupe ou de nous sentir oubliés. Elle apparaît lorsque nous sommes incapables d'exprimer ou de communiquer nos sentiments les plus authentiques. Elle peut également survenir face à des trahisons : lorsque nous nous sentons déçus ou perdons espoir, lorsque nous échouons dans la réalisation d'un objectif important et lorsque nous perdons notre estime de soi. La tristesse apparaît également lorsque nous perdons un être cher.

Cette émotion nous pousse à nous tourner vers les autres pour trouver une consolation ou à nous retirer dans la solitude pour nous remettre de la perte et faire le deuil d'une chose que nous n'avons désormais plus dans notre vie. C'est une émotion primaire et saine, elle est utile et peut nous aider à faire face au deuil, à traverser le deuil et à le surmonter. Mais lorsque le sentiment est malsain, on parle d'une tristesse qu'il faut affronter pour se sentir mieux dans sa peau. Lorsque cette émotion est secondaire, il y a un risque de développer une dépression, car il est bien plus difficile de l'assimiler et donc de la "digérer" mentalement. La dépression se caractérise par cette incapacité à gérer le sentiment de tristesse qui nous envahit et nous subjugue.

La peur

La peur est un sentiment d'angoisse généré lorsque l'on se retrouve confronté à la perception d'une menace. Cette émotion dépend de notre expérience et des ressources et outils dont nous disposons pour évaluer si cette situation constitue ou non un danger pour nous.

La peur, dans sa forme la plus élémentaire, est liée à l'essence même de notre existence et peut être combinée de deux façons : la peur de la vie et la peur de la mort. En tant qu'émotion primaire et saine, la peur est orientée de manière à nous éloigner et à nous faire échapper du danger. Lorsqu'elle apparaît comme une émotion secondaire, il peut s'agir d'une peur liée aux relations et à la peur de les blesser.

La colère

Ce qui déclenche la colère, c'est le sentiment de se sentir menacé. C'est pourquoi cette émotion est souvent liée à celle de la peur sur le plan physique ou dans l'estime et l'amour de soi, dans nos limites, ou le sentiment d'être frustré en essayant d'atteindre un certain objectif. Cette émotion active deux types de réaction : la fuite ou le combat.

Lorsqu'elle est primaire et adaptative, nous devons écouter attentivement l'émotion et comprendre ce qu'elle cherche à nous dire afin d'agir en conséquence et avec assurance et efficacité. Si elle est malsaine (colère chronique), l'objectif doit être de comprendre le schéma émotionnel mal adapté et d'identifier le besoin qui se cache derrière. Lorsqu'elle est secondaire, elle s'accompagne généralement d'émotions telles que la peur et la tristesse qui se manifestent par la colère elle-même.

La joie et le bonheur

Souvent, les gens parlent de joie et de bonheur en se référant à deux concepts pourtant bien différents. On peut les appeler ainsi :

- **La gaieté** est un sentiment généré par un stimulus agréable plus ou moins ponctuel et défini dans le temps. Elle peut donc durer de quelques minutes à plusieurs heures, mais sa particularité principale est qu'elle est spécifique dans un sens temporel, et donc finie chronologiquement.

- **Le bonheur** est un état d'esprit persistant, c'est une conséquence de notre développement vital et de ce qu'il nous fait ressentir lorsque nous évaluons la façon dont nous gérons notre vie. En soit, le bonheur est un sentiment constant, sous-jacent qui affecte notre état mental de manière inébranlable. Nous pouvons être parfois tristes, mais si nous sommes dans un état de bonheur en général, alors ce sentiment sous-jacent sera toujours présent, même dans les moments qui ne paraissent pas heureux.

La différence entre la sensation, l'émotion et le sentiment

La sensation, l'émotion et le sentiment sont des schémas de réponse émotionnelle que notre corps génère. Par conséquent, tous les trois véhiculent des informations pour répondre à nos besoins. En d'autres termes, qu'il s'agisse de sensations, d'émotions ou de sentiments, nous nous référons aux réactions produites par le corps et par lesquelles il nous informe de ce que différentes situations impliquent ou signifient pour nous.

- **Les sensations** dépendent avant tout de la façon dont nos sens réagissent aux variations qui se produisent dans un contexte que nous vivons. Ils peuvent se référer à la sphère émotionnelle (vouloir pleurer) ou à la sphère intellectuelle (se sentir perdu).

- **Les émotions** font plutôt référence à des états affectifs ou à des réactions à des stimuli environnementaux, elles s'accompagnent de changements physiologiques.

- **Les sentiments** font référence à des concepts globaux qui reflètent la façon dont nous nous considérons et dont nous ressentons la sensation corporelle.

Intelligence émotionnelle et identification des émotions

La capacité à reconnaître avec précision les émotions est essentielle à notre existence. La reconnaissance de ses propres émotions et de celles des autres doit être précise sans devenir obsessionnelle, car l'introspection et la réflexion excessive peuvent avoir des répercussions négatives sur l'état d'esprit. Il faut également être capable d'exprimer les émotions et de les communiquer correctement, étant donné qu'il s'agit d'un système de communication extrêmement nécessaire pour identifier notre place dans le monde. Nous devons donc être capables de créer un message et de le déchiffrer, sans oublier pouvoir le communiquer de manière claire et sans ambivalence. Il existe des différences notables entre les personnes en ce qui concerne l'expression des émotions : il est donc important de pouvoir lire les autres à la fois sur un plan expressif et non-verbal de communication et aussi de savoir différencier les émotions réelles de celles simulées.

L'identification des émotions est primordiale car celles-ci nous fournissent les données dont nous avons besoin pour prendre des décisions et mener à bien nos activités quotidiennes. Elles sont également un élément utile pour notre bien-être, car les émotions positives, par exemple, nous aident à nous développer et à grandir en tant que personnes. En effet, elles sont une manifestation qui nous montrent lorsque nous faisons les bons choix. De plus, les émotions sont fondamentales dans l'interaction sociale, dans notre système de communication interpersonnelle qui n'est que partiellement basé sur la communication verbale. Les gestes corporels, le ton de la voix et l'expression du visage sont intrinsèquement liés aux émotions, et ont un grand rôle à jouer dans la communication.

Nous savons tous qu'une partie relativement minime des expressions émotionnelles sont authentiques. Nous devons donc être capables de les identifier correctement et la meilleure façon de former cette capacité d'identification est de prêter attention à nos propres mécanismes. Il faut donc être conscient de ses propres émotions, de son expressivité émotionnelle et de celles d'autrui.

Pour pouvoir identifier les émotions, il faut tout d'abord ne pas les cacher à soi-même. Pour ce faire, savoir y accéder au moins pendant un moment de la journée ou lorsqu'elles deviennent plus intenses est un excellent point de départ. Un bon exercice consiste à tenir un "journal des émotions", orienté vers un registre des humeurs comme des émotions positives qui nous permet de faire des réflexions à certains moments de la journée et d'être conscient de nos émotions et de leurs effets sur la façon dont nous fonctionnons. Il vous suffit simplement de tenir un journal sur la façon dont vous vous sentez au cours de la journée. En indiquant heure par heure l'état émotionnel dans lequel vous êtes, puis souligner les choses qui vous sont arrivées (mal dormi, e-mail frustrant, réaction négative de la part d'un ami etc.) Ainsi, vous aurez une vision claire à la fin de la journée sur les hauts et les bas que vous avez traversé durant les dernières 24 heures, et quels éléments ont tendance à déclencher des changements d'humeur.

Cet exercice permet également de mieux se connaître et de savoir que les éléments quotidiens ont une plus grande influence sur nos cycles tels que l'alimentation et le sommeil.

Il est également essentiel d'être conscient de la façon dont nos émotions se manifestent afin de pouvoir exprimer ce que nous ressentons au-delà des mots. C'est pourquoi un bon exercice pourrait consister à parler devant un miroir ou à se filmer pour observer nos expressions faciales et mieux comprendre si - et comment - nous exprimons certaines de nos émotions, et ce que les autres voient quand nous leur parlons.

Enfin, il est également nécessaire d'être conscient des sentiments et des émotions des autres, même si les sentiments d'autrui ne se traduisent pas de la même façon que les nôtres. Pour ce faire, il faut prêter attention aux micro-expressions du visage et du corps. Il est important de maintenir un contact visuel mais aussi d'écouter l'intonation de la parole et les mouvements du corps dans l'environnement. Vous pouvez le faire tout en interagissant avec quelqu'un, mais vous pouvez également vous entraîner en analysante des discours politiques, des débats présidentiels, vous regarder des vlogs sur YouTube. Ceci vous aidera à avoir un panel de micro-expressions à travers des visages qui ne vous sont pas forcément familiers. Vous remarquerez bien vite que ces micro-expressions sont presque universelles !

L'art de comprendre les émotions : l'empathie

Nous pouvons définir l'empathie comme la capacité de se mettre à la place de l'autre, de comprendre sa vision de la réalité, sa position et ses opinions sans préjugés ou jugement. L'empathie non seulement peut aider les autres, elle peut aussi nous être utile à nous-mêmes.

L'empathie représente la capacité à comprendre une autre personne en se mettant dans sa peau, en essayant d'analyser ce qui se passe dans son esprit et pourquoi elle se sent d'une certaine manière face à certaines situations données. Il s'agit d'une vision qui ne part pas de notre point de vue mais qui essaie de penser comme l'autre personne le ferait, avec ses croyances et ses valeurs.

L'empathie vient de la validation, de la compréhension que les sentiments d'une personne sont possibles dans la situation où elle se trouve, même si nous, dans la même situation, en aurions d'autres. Cela nous permet donc d'analyser un problème et la réaction que nous avons sous un nouveau jour. De cette manière, il nous est plus aisé d'analyser des comportements face à des situations que nous n'aurions pas compris au premier abord. Cela nous permet de prendre du recul, de voir les situations sous un nouvel angle, et analyser autant la réaction de l'autre que sa propre réaction et de découvrir les points communs et les différences.

En d'autres termes et avec un exemple, il peut ne pas être important pour nous de ne pas avoir de frères et sœurs, mais pour l'autre personne, cela peut être important. Dans cette situation, la personne empathique mettrait de côté son "échelle de valeurs" pour comprendre la souffrance de l'autre personne à partir de sa propre "échelle de valeurs".

Il y a des gens qui ont une facilité naturelle à faire ce que nous venons de décrire alors que pour d'autres, cet exercice est très compliqué. Cependant, l'empathie est parfois confondue avec un autre concept qui n'est pas la même chose mais qui est toujours une partie fondamentale pour que l'empathie se produise : la reconnaissance des émotions. Il y a des personnes qui peuvent rapidement identifier l'état émotionnel dans lequel se trouve une autre personne et d'autres qui ne le peuvent pas, ou très difficilement.

Logiquement, dans ce passage précédent à la partie plus cognitive de l'empathie, de nombreuses variables influent : la familiarité que nous avons avec la personne qui ressent l'émotion, notre degré de fatigue, sa prédisposition à communiquer, etc.

L'empathie présente de nombreux aspects positifs : elle facilite la communication, la capacité à consoler, la résolution de problèmes, etc. Mais elle a aussi un aspect négatif : vivre continuellement à la place des autres peut conduire à une déconnexion émotionnelle avec soi-même qui peut avoir des conséquences négatives sur notre image de nous-mêmes et notre construction émotionnelle et notre image de soi. Il est donc bon d'exercer l'action mentale de se mettre à la place de l'autre mais sans oublier qu'autrui est différent de nous et que nous ne pouvons pas y rester en permanence, nous devons penser à nous et prendre soin de notre santé mentale.

Vous trouverez dans certaines revues psychologiques le terme "empathes". En effet, certaines personnes ont une capacité d'empathie bien supérieure à la moyenne, et ressentent donc les émotions des autres de manière très forte. Cela fait presque complètement disparaître leurs propres émotions, et elles se retrouvent subjuguées par des émotions qui ne sont pas les leurs, mais celles d'autrui. Vous pouvez être empathe si les personnes que vous ne connaissez pas se confient très facilement à vous, ou si vous reconnaissez les caractères des gens dès les premiers instants de votre rencontre. Être empathe est autant une bénédiction qu'une malédiction. En effet, les empathes peuvent ne plus sentir leurs propres émotions, et sont parfois plongés dans des états émotionnels très forts dont ils ne savent pas sortir. Mais leur capacité à lire les gens, ou à le laisser se confier à eux, fait d'eux un trésor dans ce monde si calfeutré et stérile.

Quand faisons-nous preuve d'empathie ?

Nous pouvons être des gens très empathiques, mais si nous ne le montrons pas, si nous ne le mettons pas en pratique, cela ne sert pas à grand-chose. Cela dit, nous pouvons imaginer certaines situations dans lesquelles nous pouvons l'utiliser :

- Lorsque nous pouvons écouter et comprendre les sentiments de l'autre sans nous mettre au centre et sans mettre nos mots et nos pensées en avant

- Lorsque nous n'utilisons pas seulement des mots pour consoler, mais aussi des étreintes, des tapes sur l'épaule, une caresse ou des gestuelles pour montrer une plus grande empathie

- Lorsque nous nous exprimons avec délicatesse et courtoisie

- Lorsque nous ne montrons pas de signes d'ennui envers ceux qui nous confient ce qui les dérange ou des problèmes intimes

- Lorsque nous ne faisons pas un commentaire dont nous savons qu'il pourrait ennuyer notre interlocuteur

- Lorsque nous faisons comprendre à la personne que nous la comprenons et que nous faisons preuve de sympathie à son égard et à la situation qu'elle traverse

- Lorsque nous aidons les autres à résoudre des problèmes et que nous sommes capables de les calmer

Quand est ce que nous ne faisons pas preuve d'empathie ?

D'autre part, il peut aussi y avoir des moments et des situations où nous ne faisons pas preuve d'empathie, par exemple :

- Lorsque nous pensons que nos problèmes sont les seuls au monde et que les autres ne comprennent pas ce que nous traversons
- Lorsque nous n'écoutons pas les autres
- Lorsque nous jugeons et faisons des commentaires blessants
- Lorsque nous n'offrons pas un sourire ou un geste de gentillesse aux autres
- Lorsque nous faisons quelque chose pour les autres seulement parce que nous attendons quelques chose de bénéfique (un remerciement, un cadeau...) en retour

L'empathie est une bonne compétence qui mérite d'être exercée car elle nous aide à mieux comprendre les autres et également nous-mêmes. Mais nous devons faire attention à pratiquer un excès d'empathie car nous risquons de nous déconnecter de nous-mêmes.

Comment reconnaître les émotions : 6 conseils utiles

Le processus de reconnaissance des émotions est d'une importance fondamentale pour assurer une qualité de vie saine à chaque personne, surtout en termes de santé mentale. Lorsque nous sommes capables de reconnaître les émotions des autres et nos propres émotions, nous ressentons moins d'anxiété et d'angoisse.

Pour certaines personnes, le processus de reconnaissance des émotions est facile et naturel ; d'autres, au contraire, doivent l'apprendre en s'efforçant et en s'entraînant régulièrement. Mais cela ne signifie pas qu'elles ne sont pas capables, en s'exerçant, de renforcer cette capacité psychologique.

Comment reconnaître et identifier ses propres émotions ?

La reconnaissance des émotions consiste en la capacité qu'à chaque personne d'identifier et d'accepter les émotions, les siennes et celles des autres. On pourrait comparer cela au fait d'apprendre une langue étrangère ; au début, elle peut être confuse et vous pouvez ne pas bien comprendre le sens de certaines choses, mais peu à peu, avec un exercice continu, cette langue devient de plus en plus compréhensible et vous arrivez à la comprendre et l'analyser de plus en plus facilement.

Afin de reconnaître ses émotions, il est important de pouvoir prendre conscience de certains aspects de notre personnalité auxquels nous n'accordons souvent pas ou très peu d'importance et auxquels nous évitons de penser. Ceci est fondamental pour développer notre intelligence émotionnelle.

Il est normal d'avoir des questions qui nous concernent et que nous préférons ne pas retenir et laisser de côté. Cependant, plus vite nous trouverons le courage de les traiter objectivement, plus il sera facile de comprendre ce que nous ressentons.

Comment reconnaître les émotions d'autrui

Lorsque l'on arrive à reconnaître les émotions des autres, il est important de comprendre et de savoir comment fonctionne le langage non verbal, car cet aspect est intrinsèquement lié à l'émotivité, et donc à l'intimité émotionnelle de l'autre.

Lorsque nous nous sentons tristes, notre visage l'exprime par des soubresauts et des mouvements de petits muscles qui se trouvent en divers points du visage. Même si nous essayons de les contrôler ou de faire semblant de ressentir autre chose, le langage non verbal répond dans une large mesure à des aspects inconscients de notre personnalité. Ainsi il est possible de remarquer de la tristesse éprouvée par quelqu'un malgré les efforts de la personne pour la cacher. Nous pouvons dire la même chose avec les autres émotions : le bonheur, la nostalgie, la peur, etc.

Ainsi, lorsque nous sommes capables de relier le langage corporel d'une personne à ses émotions, nous sommes plus près de comprendre ce qu'elle ressent vraiment, même si elle ne souhaite pas le communiquer de manière verbale.

Un autre aspect essentiel utile pour identifier les émotions des autres est de pouvoir interpréter correctement leur discours, ce qu'ils disent de manière explicite. Une personne peut sembler de bonne humeur mais, au moment de parler, elle va donner des signes que quelque chose ne va pas. Pour la comprendre il suffit d'être capable d'écouter attentivement et de savoir lire entre les lignes ce qu'elle veut véritablement signifier.

Conseils pour comprendre notre côté émotionnel

Voyons ensemble comment nous pouvons être plus précis dans la reconnaissance des émotions, propres et d'autrui.

Acceptez la vraie raison des émotions : Toute émotion existe parce qu'elle a une signification particulière pour nous. Si nous acceptons la situation et sommes capables de la gérer, même si la cause nous semble irrationnelle, alors nous pouvons comprendre la signification de l'émotion que nous ressentons à ce moment et nous pouvons la ressentir complètement et non pas tenter de l'enfouir ou la négliger. Assimiler ses émotions et un chemin vers la meilleure connaissance de soi-même. Vous serez donc plus en harmonie avec qui vous êtes et ce que vous voulez dans votre vie.

Reconnaissez votre contexte : Les situations qui se développent autour de nous sont capables de nous faire ressentir de multitudes d'émotions sur lesquelles nous n'avons pas forcément le contrôle. C'est pour cette raison que lorsque nous avons une meilleure connaissance de la situation ou que nous reconnaissons l'endroit où nous nous trouvons, nous pouvons comprendre ce qui détermine et déclenche les émotions que nous ressentons. Vous vous comporterez de manière totalement différente dans un environnement qui vous est familier que dans un lieu qui vous est totalement étranger, même si la même situation se passe dans ces deux endroits.

Soyez cohérent avec vos actions : Pour être en mesure de reconnaître correctement nos émotions, nous devons essayer d'être aussi cohérents que possible avec les actions que nous entreprenons en conséquence de ce que nous ressentons. Cela signifie que plus les pensées et les actions vont de pair, plus nous serons en mesure de reconnaître clairement nos émotions sans éprouver de dissonance cognitive. Par exemple, ne rien faire face à certains problèmes dans notre vie peut nous rendre difficile l'analyse de ce que nous ressentons.

La prévention face aux émotions négatives : Lorsque nous avons la possibilité de reconnaître les facteurs qui génère et déclenchent notre anxiété, nous pouvons être capables de nous empêcher d'entrer en contact avec ces facteurs. Ce faisant, nous diminuons la probabilité de ressentir des émotions négatives intenses qui bloquent notre capacité d'analyse. Ainsi, le processus de reconnaissance de nos émotions sera facilité puisque nous n'aurons pas à faire face à des émotions trop désagréables.

Comprendre les situations telles qu'elles se présentent réellement : Ce point fait référence à la capacité cognitive dont nous disposons en tant qu'êtres humains. La cognition implique l'utilisation de processus mentaux supérieurs (analyse, pensée logique, interprétation, résolution de conflits, mémoire, etc.) Afin de comprendre les situations telles qu'elles se produisent réellement, et non telles que nous voudrions qu'elles soient, nous devons prendre du recul, et donc chercher de quoi nous distancier d'une situation, ou de faire preuve d'extrême empathie. En utilisant ce genre de raisonnement nous nous retrouvons à reconnaitre les émotions de manière très réelle et nous pouvons donc chercher les meilleures alternatives qui s'offrent à nous.

Accepter que quelque chose puisse échapper à notre contrôle : À certains moments, vous serez confrontés à des situations dans lesquelles vous ne pourrez pas intervenir pour modifier le résultat comme vous le souhaitez. Il est important que vous ayez cette limitation à l'esprit. Parfois, il suffit simplement d'accepter que les situations se déroulent d'une certaine manière et de les traiter telles qu'elles sont, plutôt que telles que l'ont aimerait qu'elles soient. En comprenant cela, nous devenons des personnes qui ont plus de sens logique et sommes donc capables de reconnaître nos émotions dans toute leur gamme de magnitude, en constatant que nous ne pouvons pas toujours les gérer comme nous le souhaitons.

Comment aider les enfants à reconnaître leurs émotions

Tout au long de notre vie et dès la naissance, nous, les humains, ne cessons d'apprendre. Nous recevons sans doute certains des enseignements les plus importants pendant notre enfance et notre adolescence. Parmi les plus essentiels, il y a la façon de se mettre en relation avec soi-même et la façon de reconnaître ses pensées, ses croyances et ses émotions. C'est une chose qui demande de l'exercice et qui, dans certains cas, peut impliquer des difficultés à reconnaître et à gérer ses émotions.

Comment aider les enfants à reconnaître leurs émotions ? Voyons quelques propositions ou stratégies qui pourraient vous être utiles à les initier à cet art subtil.

La reconnaissance de ses émotions est une compétence de base qui se développe naturellement dès l'enfance, mais qui nécessite un processus d'apprentissage dans lequel il peut être utile de recevoir un soutien extérieur, afin de mieux assimiler certaines émotions inconnues, et également de les accepter et de les gérer de manière pertinente.

Malheureusement, dans l'enseignement formel régulier, il n'existe que très peu de soutien pour le développement ou la formation de cette compétence. Souvent la capacité à reconnaître les émotions peut rester reléguée à quelque chose de secondaire et qui dépend principalement du sujet et des expériences et apprentissages qu'il acquiert dans le cadre de la famille et avec les amis.

Voyons ensemble quelques exemples où nous pouvons aider les enfants à reconnaître leurs émotions et celles auxquelles ils sont confrontés grâce à un apprentissage quotidien.

Parler des émotions

Afin de reconnaître les émotions, il est important de savoir ce que l'on appelle "joie", "tristesse", "colère", "dégoût", "peur" ou "surprise". En ce sens, il est utile que l'enfant puisse parler librement avec les adultes ou ceux qui vivent dans son environnement proche de ses sentiments et de ses désirs et de ce qu'il ressent dans chaque situation afin de pouvoir donner un nom à ces sentiments alors inconnus ou mal compris.

Il est important que lorsque nous définissons une émotion, nous le fassions d'une manière simple et adaptée au niveau de développement de l'enfant, sans utiliser de concepts trop abstraits et en donnant des exemples tangibles et adaptés à l'âge et la maturité émotionnelle de celui-ci.

Donner des exemples de situations dans lesquelles les enfants peuvent apparaître

Comme c'est également le cas pour les adultes, l'utilisation d'exemples peut permettre à l'enfant de comprendre ce qu'implique une émotion déterminée. Il peut être utile de découvrir des situations dans lesquelles il est habituel de ressentir chacune des émotions. Cependant, il faut tenir compte du fait qu'une même situation peut provoquer des réactions émotionnelles différentes chez différentes personnes. Il est donc utile d'analyser cela également lorsque l'on communique avec l'enfant.

Expressions faciales : émoticônes, photographies et dessins

Une façon classique d'entraîner la reconnaissance des émotions passe par l'identification des expressions faciales sur des visages dessinés ou des photographies. Il n'est pas nécessaire d'avoir des expressions complexes, il suffit de mettre en évidence les gestes qui sont habituellement mis en jeu lorsque l'on ressent une certaine émotion. On peut facilement créer des petits jeux au moyen d'émoticônes sur son téléphone portable par exemple, ou passer en revue les livres d'enfants, ou des albums photos pour analyser, avec l'enfant, les émotions montrées par les protagonistes.

Mimétisme et imitation

Outre l'observation, il est important d'apprendre à comprendre comment nous exprimons nous-mêmes nos émotions. Il peut être utile d'enseigner à l'enfant les différentes manières et les différents gestes que nous faisons lorsque nous ressentons une émotion spécifique, afin qu'il puisse les imiter et reconnaître certaines des sensations physiques qui se produisent dans le corps.

Une méthode qui peut être utile consiste à imiter les visages et les gestes devant le miroir et en compagnie d'un adulte. La représentation physique libre des sensations éprouvées par l'enfant est également très utile pour qu'il puisse exprimer ce qu'il ressent sans jugement ni limites.

Vidéo et film

Tous les enfants aiment regarder des films pour enfants et des dessins animés. Ces médiums faciles d'accès et plaisants à regarder peuvent être utiles si l'on tient compte du fait que dans la plupart de ces films, les personnages ressentent des émotions très polarisées et vivent des situations qui peuvent en provoquer certaines similaires pour le petit public. Vous pouvez utiliser ce type de stimulation qui sera donc plus une activité amusante plutôt qu'un apprentissage barbant et agira donc comme un renforcement dans le but que les enfants commencent à apprendre à intérioriser intellectuellement les situations émotionnelles et même à identifier les expressions physiques qui révèlent l'existence d'une émotion spécifique. Il est important de choisir des films qui ont un sens pour l'enfant, même s'il existe des vidéos ou des courts métrages qui peuvent être utiles à cette fin.

Exprimer ses sentiments avec des mots

Bien que la description d'une émotion de manière vocale soit quelque chose qui puisse être compliquée à tout âge, une façon d'apprendre quelles émotions nous ressentons est d'essayer de les exprimer avec des mots. En ce sens, il peut être utile que les adultes en question expriment à la fois par des gestes et des mots ce qu'ils ressentent ou comment ils se sentent dans certaines situations de manière précise, mais avec un langage assez basique ou adapté afin que l'enfant comprenne facilement ce que l'on cherche à communiquer.

Ne pas récriminer ou censurer une émotion

Bien que nous classions souvent les émotions en deux catégories, positives et négatives, elles ont toutes une fonction bien précise et il est donc important de les reconnaître et de les vivre pleinement. Il est donc essentiel de ne pas censurer les émotions ou leur expression, ni de faire croire aux enfants qu'il est mal de se sentir d'une certaine manière. La question n'est pas qu'ils puissent exprimer une émotion quelconque et toujours leur donner une raison de se calmer, mais de les aider à comprendre pourquoi ils se sentent en colère ou tristes et légitimer cette émotion. Il s'agit d'états d'esprit naturels, et l'enfant doit être capable de pouvoir les comprendre, les analyser et les assimiler sans peur d'être jugé, grondé, ou que ces sentiments soit diminués ou moqués.

Théâtraliser les situations qui suscitent des émotions

Un autre moyen qui peut être utile pour apprendre à reconnaître ses émotions est de faire des simulations et des représentations théâtrales de situations qui ont généralement tendance à provoquer des émotions telles que la colère, la joie, la tristesse ou la surprise. Cela aide l'enfant à ressentir l'émotion et peut l'amener à réfléchir sur ce qu'il a ressenti et sur le type de sensations corporelles et mentales qu'il a remarqué. Si l'enfant est très visuel, par exemple, on peut lui demander de dessiner les émotions, de les mettre en images et de leur donner des noms. Ainsi, l'enfant assimilera les émotions à ses dessins, et vous pourrez en parler plus facilement si ceux-ci ont un nom, ou des traits particuliers. Si votre peur est un gros ours brun à l'air méchant, vous pouvez donc parler de l' "ours brun", si votre enfant a peur de quelque chose. Cela mettra donc l'enfant en terrain connu et familier, vu que c'est lui qui a imaginé les émotions sur le plan visuel.

Décrire les situations afin qu'ils puissent dire ce qu'ils vont ressentir

Il s'agit de créer une sorte de dilemme éthique à utiliser pour décrire des situations émotionnelles et ensuite demander aux enfants ce qu'ils ressentiraient dans cette situation spécifique. Il n'y a pas de réponse exacte, mais cet exercice amène à réfléchir aux sentiments qui seraient plus facilement suscités dans des situations similaires. En offrant un panel et un vocabulaire large pour que vos enfants puissent identifier les émotions, les mensonges et les raisons derrières ces motivations, vous lui offrez un avantage non-négligeable dans leur vie adulte. De plus, vous apprendrez certainement quelque chose de nouveau sur vous-mêmes en faisant cet exercice régulièrement avec vos enfants !

Vous l'aurez compris, l'intelligence émotionnelle est un atout certain dans notre vie quotidienne. Non seulement être conscient de ses émotions nous aident à devenir une personne plus ouverte sur le monde et nous aide à nous connaître et à gérer nos émotions, mais cela a également un avantage surprenant : vous découvrirez la malhonnêteté des autres plus facilement.

Comment ? Simplement car vous connaissez ce qu'est une vraie émotion ! Un vrai sentiment de surprise ou de joie ne peut pas être appris par cœur, c'est un sentiment qui vient des tripes, qui se façonne de manière naturelle. Dès lors, quand une personne falsifie ses émotions, vous sentirez instinctivement qu'il y a quelque chose qui ne tourne pas rond dans son comportement. Cela n'est pas exclusif pour remarquer un mensonge, mais aussi pour voir les personnes qui sont des menteurs pathologiques, ou qui sont si habitués à mentir que leur véritable personnalité est cachée sous un tissu de mensonge, brodé au fil des ans. Savoir reconnaître ses émotions, et donc mieux connaître celles des autres, vous aidera à conserver cette sorte d'instinct, ce côté empathe que vous pouvez avoir en vous. Au fond, vous êtes votre meilleur détecteur de mensonge !

4.

COMMENT LIRE LES MICRO-EXPRESSIONS DU VISAGE

Paul Ekman et l'étude des micro-expressions faciales

Nous l'avons déjà mentionné auparavant, Paul Ekman n'est pas seulement l'un des psychologues les plus médiatiques (il a participé à la création de la série "Lie to Me" et du film d'animation "Inside Out") ; il est aussi l'un des pionniers de l'un des domaines les plus intéressants de la science du comportement : l'étude du langage non verbal et, plus précisément, des micro-expressions.

Il peut être utile d'en savoir plus pour améliorer nos compétences en matière de communication et pour mieux connaître les émotions fondamentales et universelles.

Que sont les micro-expressions ?

Une micro-expression est une expression faciale faite involontairement et automatiquement et qui, bien qu'elle ne dure seulement qu'une fraction de seconde, peut être utilisée pour connaître l'état émotionnel de la personne qui la fait.

Selon la position d'Ekman et d'autres chercheurs, les micro-expressions sont universelles, car elles sont le résultat de la manifestation de certains gènes héréditaires qui provoquent la contraction simultanée de certains groupes de muscles du visage selon un schéma précis chaque fois qu'un état émotionnel basique apparaît. Cela donne lieu à deux autres idées : que les micro-expressions apparaissent toujours de la même manière chez tous les êtres humains, quelle que soit leur culture, et qu'il existe un ensemble d'émotions universelles liées à ces brefs mouvements de certaines parties du visage.

À travers l'étude des micro-expressions, Paul Ekman s'est intéressé à divers mécanismes psychologiques et physiologiques de base qui s'expriment théoriquement de la même manière dans toutes les sociétés humaines et qui, par conséquent, présentent un degré élevé d'hérédité génétique.

Les émotions de base

La relation entre les micro-expressions faciales et les émotions de base repose sur l'idée de potentiel d'adaptation : s'il existe un ensemble bien défini d'émotions et une façon prédéfinie de les exprimer, cela signifie que les autres membres de l'espèce peuvent les reconnaître et utiliser cette information pour le bien de la communauté.

Ainsi, dans les situations de danger ou celles où l'importance d'un élément du contexte provoque une activation émotionnelle des individus, les autres comprendront instantanément que quelque chose est en train de se dérouler et peut potentiellement être néfaste. Dès lors, ils chercheront des éléments pour savoir en détail ce qui se passe. Cette théorie n'est pas nouvelle, Charles Darwin (1809 - 1882) avait déjà anticipé ces concepts en analysant les émotions humaines et animales.

Le rôle de l'éducation

Il convient de souligner qu'il n'est pas encore absolument certain qu'il existe des micro-expressions faciales universelles. Pour en être sûr, il faudrait connaître en profondeur le comportement typique de toutes les cultures existantes et également passées. De plus, dans un environnement de laboratoire, il n'est pas facile de faire vivre aux sujets les émotions bien précises que les chercheurs aimeraient avoir.

Ainsi, bien que Paul Ekman se soit efforcé d'étudier de la manière la plus large et exhaustive possible dans quelle mesure les émotions de base et les mouvements du visage sont universels, il est possible qu'il y ait des exceptions inconnues de Ekman dans un coin reculé de la planète et que la théorie ne puisse être considérée comme universelle.

Malgré cela, il a été prouvé que, pendant au moins quelques millièmes de secondes, les membres de nombreuses cultures expriment leurs sentiments et leurs émotions à travers les mêmes expressions faciales. C'est de là qu'est né le terme "micro-expression".

Par exemple, selon une étude publiée dans Psychological Science et réalisée à partir de signatures dans lesquelles des athlètes sportifs étaient montrés en train de concourir pour une médaille pendant les Jeux olympiques, il a été démontré que tous présentaient le même type de micro-expressions immédiatement après avoir su qu'ils avaient gagné ou perdu, bien que chacun ait ensuite modulé les gestes suivants en fonction de la culture à laquelle ils appartenaient. C'est l'essence même des micro-expressions selon la théorie de Paul Ekman : au départ, une réponse automatique et stéréotypée au stimulus émotionnel apparaît, puis chacun prend le contrôle de ses gestes.

Des gestes qui nous trahissent

Une autre idée des plus intéressantes sur les micro-expressions est que, étant automatiques et inconscientes, elles ne peuvent être cachées ou dissimulées avec succès. Au contraire, ces micro-expressions sont si difficiles à maîtriser qu'il est presque impossible de les dissimuler ou les modifier à sa guise.

En d'autres termes, si une personne est suffisamment formée pour reconnaître les micro-expressions, elle aura un certain niveau de connaissance sur l'état émotionnel inconscient d'une autre personne, même si celle-ci essaie de dissimuler ce qu'elle ressent vraiment.

Cependant, dans la pratique, reconnaître ces micro-expressions n'est pas si simple, car dans les situations quotidiennes, il y a un grand "bruit de fond" sous la forme d'informations exprimées constamment et explicitement par les muscles faciaux. En outre, des instruments spécialisés sont souvent nécessaires pour capturer une image claire de ces très brefs moments.

Reconnaître les micro-expressions

Si les micro-expressions sont générées selon des modèles stéréotypés, il est naturel de penser qu'il est possible de développer une méthode pour les identifier de manière systématique. C'est pourquoi, dans les années 1970, Paul Ekman et son collègue Wallace V.

Friesen ont développé un système pour catégoriser chaque type de mouvement facial lié à un état de raison à partir des travaux de l'anatomiste suédois Carl-Herman Hjortsjö (1914 - 1978). Cet instrument a été appelé le système de codage des actions faciales (en anglais Facial Action Coding System, abrévié "FACS"). Dans ce système, les émotions sont catégorisées en unités d'actions, certaines s'entremêlant afin de créer une émotion (la tristesse, la surprise et la peur ont par exemple certaines mêmes unités d'actions). Pour ce faire, les scientifiques utilisèrent des caméras pour analyser les mouvements de la tête et les mouvements des yeux, ainsi que des contractions de muscles sur le visage. Toutefois, cela ne signifie pas qu'il est possible de reconnaître le mensonge simplement en identifiant les micro-expressions.

Une micro-expression peut être un indice permettant de savoir si quelqu'un est triste ou non à un moment précis, mais elle ne nous dit rien sur ce qui produit cette émotion. La même chose se produit avec les micro-expressions liées à la peur. Elles peuvent être un indicateur de la peur que l'on découvre des mensonges, par exemple.

Comme c'est souvent le cas, l'étude du comportement humain progresse rarement rapidement et le travail de Paul Ekman sur les micro-expressions faciales sorti en 1978 du attendre 2018 et la technologie actuelle pour bénéficier des caméras 4K capables d'analyser en détail les plus minimes mouvements. Néanmoins, son travail originel peut être utile pour connaître de près notre prédisposition génétique à exprimer des émotions et peut être étudié pour apprendre à pratiquer l'empathie et à améliorer la communication. Cependant, comme les micro-expressions sont automatiques et inconscientes, il est difficile - voire impossible ! - de les influencer directement.

Les micro-expressions : un guide pour les lire et les interpréter

On dit qu'une image vaut mille mots, mais le visage n'est pas en reste ! Le visage d'une personne exprime son angoisse, sa joie et sa peur, même sans que la personne ne dise quoi que ce soit.

Nous avons vu que les micro-expressions doivent être conçues comme tout mouvement effectué inconsciemment et involontairement sur le visage d'une personne, par lequel elle communique quelque chose de précis (douleur, confusion, frustration, incompréhension, dégoût, passion, colère).

Comme il s'agit de mouvements faciaux très courts, il est difficile pour la personne de les simuler ou de les effectuer volontairement. C'est pourquoi ces expressions sont considérées comme un indice fiable pour connaître la vérité communiquée ou ressentie par la personne.

Les micro-expressions sont volontaires et spontanées

Comme il s'agit d'expressions réalisées inconsciemment, la personne les effectue sans prêter consciemment attention à ce que les autres vont percevoir et interpréter.

Prenons un exemple : Marta a peur d'être interrogée par son professeur parce qu'elle n'a pas assez étudié le sujet présenté en classe. Peu importe les efforts qu'elle déploie pour rester calme, son visage est pâle et ses lèvres tremblent dès que le professeur la salue. Avant même qu'elle soit interrogée ou non, Martha envoie des signaux à son professeur, qui pourra probablement remarquer que quelque chose n'est pas normal, de par sa pâleur ou sa fragilité soudaine. Le professeur ne comprendra peut-être pas immédiatement que Martha a peur de se faire interroger, mais il peut assimiler ce comportement à quelque chose d'autre : peut-être a-t-elle passé une mauvaise nuit ? Y a-t-il quelque chose qui la tracasse hors de l'école ?

Un autre exemple consiste à interpréter si une personne a compris ce qu'il lui a été dit en observant les mouvements qu'elle fait avec ses sourcils et la façon dont elle ouvre les yeux ; si elle n'a pas compris le message, ses sourcils sont un peu plus proches que la normale, car les muscles de son front se tendent et cherchent à se rapprocher au centre, en direction du nez. Le visage se crise donc car il subit une frustration, une confusion. Si elle l'a compris, elle ouvrira probablement les yeux et lèvera les sourcils, son visage sera dès lors plus détendu et plus "ouvert". Si elle est attentive, elle dira probablement "oui" avec sa tête : ce mouvement d'approbation est son corps qui manifeste l'assimilation de l'information.

Les micro-expressions sont importantes car le visage est la partie du corps la plus visible et la plus exposée aux autres. Si vous connaissez les signes fondamentaux des différents mouvements du visage, vous pouvez facilement savoir si quelqu'un vous ment, ou identifier qu'il est confiant, mal à l'aise, contrarié ou confus.

Tout commence par l'attention portée au visage

Pour comprendre le comportement non verbal, il faut d'abord observer le visage de la personne à qui l'on parle. Le visage compte 43 muscles, par conséquent de nombreux mouvements peuvent découler d'une pensée ou d'une situation qui a des conséquences positives ou négatives sur la personne.

Vous pouvez faire un test et faire rire une personne, observer comment elle cligne des yeux et ouvre et ferme sa bouche, preuve de détente. Vous pouvez aussi l'effrayer et voir comme elle pâlit et ouvre les yeux, signe d'une réponse de fuite ou de combat.

Vous pourriez peut-être penser qu'apprendre à lire un visage est une tâche complexe et que seules quelques personnes peuvent apprendre l'art des micro-expressions, mais aussi difficile que cela paraisse au premier abord, n'importe qui peut former cette capacité en s'entraînant régulièrement.

Il suffit de prêter attention aux petits détails et de commencer à analyser les personnes les plus proches de vous, dans votre contexte. Etant donné que vous les connaissez, la tâche sera d'autant plus aisée puisque vous connaissez leur personnalité, leurs habitudes et leur façon de penser. Voulez-vous en savoir plus sur les micro-expressions ? Voyons ci-dessous quelques conseils pour les comprendre et les utiliser à votre avantage.

La gaieté

Elle se caractérise par une élévation des joues et des pommettes, il y a aussi un court mouvement des lèvres qui les mène à l'arcade, des rides apparaissent sous les yeux et autour du nez ainsi qu'autour des lèvres et de la zone externe des yeux. Plus l'émotion de la joie est grande, plus la bouche s'ouvre et plus on voit les dents.

Une astuce, quand une personne fait semblant d'être heureuse, ses rides autour des yeux n'apparaissent pas. Elle peut donc sourire selon les expressions types, mais impossible de trahir les yeux qui "sourient" également. Observez des photos de mannequins ou personnes publiques forcées à sourire lors de photos, même si elles ne le désirent pas

Le dégoût

Dans ce cas, une élévation asymétrique des lèvres apparaît, notamment des rides dans la zone des lèvres, sur le front et les paupières. C'est l'une des émotions les plus faciles à identifier car tous les mouvements musculaires sont concentrés autour de la bouche et du nez, qui se recourbe. En effet le dégoût prend ses origines dans le monde olfactif ("dé-goût") et est donc lié au expressions liées à ce que nous sentons ou ingérons. Parfois, les dents supérieures restent visibles.

Cette émotion apparaît lorsque nous sommes sur le point de manger quelque chose qui éveille la répugnance, mais aussi lorsque nous désapprouvons quelqu'un ou quelque chose. Le dégoût peut en effet impliquer le rejet d'idéologies opposées aux nôtres, il n'est donc pas impossible d'observer cette émotion lors d'un débat informel ou politique.

La colère

Dans cette émotion, les sourcils se contractent, le front se plisse, les paupières inférieures restent tendues. Le regard est fixe, les lèvres sont tendues et le visage peut rougir, notre système nerveux est pis en alerte, prêt à crier. Les micro-expressions se concentrent principalement dans la partie supérieure du visage, tandis que la bouche et les dents peuvent prendre une certaine tension. Un geste de colère typique est celui qui consiste à tourner le menton vers l'avant comme pour indiquer la personne qui se trouve devant vous, dans un geste de défi. Ici, notre instinct primitif nous met en position d'attaque, comme si nous nous préparions à combattre la personne ou la situation qui a généré cette colère. Les sens sont plus aiguisés, tendus, l'attention est focalisée sur l'instant présent.

La peur

Lorsque vous ressentez de la peur, vos sourcils sont levés et contractés, vos paupières sont relevées, vos pommettes tombent et votre bouche est à moitié ouverte alors que vos yeux s'ouvrent plus largement que d'habitude. La couleur du visage a tendance à pâlir. La raison pour laquelle les yeux sont énormément ouverts réside dans la possibilité de mieux voir tout ce qui nous entoure et d'avoir un contrôle détaillé de la situation lorsque nous percevons un danger.

Pendant ce temps, la mâchoire s'ouvre et nous ouvrons nos lèvres pour faciliter la sortie d'un cri au cas où nous en aurions besoin. Le fait d'avoir la bouche ouverte facilite l'entrée d'oxygène au cas où nous devrions commencer une fuite rapide et aurions donc besoin d'une dose d'oxygène plus élevé suite à notre échappade.

La surprise

Lorsque nous sommes surpris, nous levons les sourcils, les yeux sont ouverts, les paupières sont relevées et parfois même la bouche est ouverte, ce qui provoque un abaissement et une ouverture de la mâchoire. Comme dans la peur, dans ce cas également, les yeux sont ouverts de manière exagérée. En effet, la peur et la surprise prennent racines dans le même sentiment primitif : celui d'être confronté à quelque chose dont ne nous attendions pas. Dès lors, notre corps cherche à analyser très rapidement cette nouvelle potentielle menace. Notre cerveau primitif veut comprendre un maximum d'informations afin de réagir en conséquence.

La tristesse

Dans cette émotion, le regard est tourné vers le sol, les sourcils forment un triangle, les commissures des lèvres tombent et un léger tremblement des lèvres peut se produire. On pourrait comparer cela à quelqu'un qui s'apprête à pleurer, car c'est ce que la tristesse inspire ! Les micro-expressions de la tristesse sont parmi les plus difficiles à cacher, et par conséquent les plus faciles à décrypter.

Comme vous l'aurez compris, s'entraîner à l'art d'analyser les micro-expressions faciales n'est pas si compliqué, le secret est de connaître les expressions faciales qui s'activent, et s'entraîner autant que possible à les identifier. Certaines personnes sont capables de manipuler les autres en contrôlant leurs micro-expressions faciales, elles peuvent même contrôler la dilatation des pupilles et déplacer consciemment leur regard vers la droite, la gauche, le haut ou le bas, qui sont des facteurs cruciaux pour masquer un mensonge.

Mais ce sont des cas extrêmes, comme ceux des espions qui sont formés pendant des années afin de tromper et de convaincre les autres de leurs arguments.

Cependant, le langage non verbal ne concerne pas seulement les muscles du visage. Nous pouvons nous entraîner à observer de nombreux autres mouvements du corps pour comprendre quelles émotions notre interlocuteur ressent (ou prétend ressentir). Voyons voir ci-dessous.

Le langage corporel, un guide pour une reconnaissance rapide

Si le langage corporel est un nouveau sujet pour vous ou si vous souhaitez revoir les concepts de base de la communication non verbale, nous vous fournissons ci-dessous les informations essentielles pour être paré au mieux à la lecture du langage corporel d'autrui.

Qu'est-ce que le langage corporel ?

Nous avons déjà vu que le langage corporel est cette partie de la communication non verbale qui fait référence aux codes gestuels exprimés par le corps. Il est divisé en différents domaines : la kinésie ou l'expression corporelle dans son ensemble, l'expression faciale que nous avons déjà mentionnée et qui intègre les micro-expressions et toutes les émotions qu'un visage peut exprimer de manière inconsciente.

Les applications les plus importantes du langage corporel sont de pouvoir façonner sa propre expression non verbale pour mieux communiquer, ainsi que d'observer et d'analyser les autres et d'utiliser différents facteurs pour persuader et convaincre de manière plus efficace.

La communication non verbale, c'est-à-dire tout ce qui n'est pas exprimé par des mots, comprend le langage corporel mais aussi le paralangage (c'est-à-dire les caractéristiques de la voix) et même les phéromones (c'est-à-dire les odeurs qui sont émises par le corps naturellement).

Les premières étapes pour déchiffrer le langage corporel

Prenons un exemple : pensez à la façon dont vous pouvez croiser vos bras sur la poitrine. Cela semble un geste qui ne peut être fait que d'une seule façon et au lieu de cela, selon la façon dont les bras sont croisés, on peut transmettre que la personne a une posture défensive, par exemple si elle a tendance à diriger le dos des mains vers son interlocuteur, et indique donc une certaine tension de sa part. Dans une autre posture, les bras peuvent en fait se croiser et passer l'un sous l'autre, mais selon les expressions du visage de la personne, nous pouvons percevoir une attitude défensive ou relaxante. En réalité, nous avons l'habitude d'analyser divers aspects du contexte naturellement, et pas seulement les gestes de notre interlocuteur pris séparément. Toute analyse du corps doit donc passer par les phases suivantes :

- **La situation :** C'est-à-dire les conditions dans lesquelles l'interaction a lieu. Par exemple, observons-nous deux personnes en train de discuter ? Quel type de relation existe-t-il entre elles ? Se connaissent-elles ou sont-elles des étrangères ? La rencontre était-elle aléatoire ou prévue ?

- **L'environnement :** Celui-ci détermine les caractéristiques physiques du lieu où se déroule la scène. Par exemple, ce n'est pas la même chose de voir quelqu'un crier sur quelqu'un d'autre dans un environnement bruyant que de le voir le faire dans un contexte calme. Ou bien une personne qui croise les bras peut le faire parce que l'environnement est froid par rapport à la température de son corps plutôt que de chercher à se mettre en position de défi.

- La proxémique : Il s'agit de la distance avec laquelle les gens interagissent. Elle est associée au niveau de confiance entre les sujets : plus il y a de confiance, plus les gens sont proches les uns des autres. On aura tendance d'être littéralement à portée de main si nous discutons avec nos amis, mais nous observerons une distance plus large si nous ne sommes pas familier avec notre interlocuteur, et ce même si nous le connaissons. Nous seront par exemple plus enclins à être physiquement plus proche de sa famille que de son patron.

- **La posture :** Ce dernier point nous introduit à la question de la kinésie ou vocabulaire non verbal, dans lequel nous commençons à déchiffrer le langage non verbal des gestes, l'orientation du corps, les mouvements et enfin les émotions exprimées par le visage.

La kinésie : Nous exprimons des émotions avec notre corps, comme s'il formait un tout.

Nous définissons la kinésie comme l'expression générale du corps, de ses mouvements globaux et spécifiques et de la façon dont il projette des attitudes et des émotions.

Attention néanmoins : lorsque nous parlons d' "expression générale", nous devons considérer le corps comme un système. En analysant le langage corporel, nous devons penser que le corps humain est régi par deux sous-systèmes :

- Le **sous-système axial** qui détermine l'intérêt général de la personne. Ce qui attire l'attention, ce sur quoi elle se concentre, ce à quoi elle pense en ce moment. Il peut être représenté par trois axes horizontaux appelés "ordres" :
    - Le premier ordre, le plus important, va de **la poitrine au front** ; il détermine l'intérêt principal du sujet, ce qui occupe son attention.

    - Le deuxième ordre est déterminé par **l'orientation des pieds**. Il façonne l'attitude de la personne et donne une idée de la disposition à rester dans un endroit ou de la volonté de partir.

    - Le troisième ordre est l'axe allant du **nez au front**. C'est l'axe "diplomatique", dans le sens où nous regardons parfois directement les autres, même si nous ne sommes pas totalement attentifs.

- Le **sous-système satellite** se compose des extrémités et est plus facile à décrire comme étant la proximité et les mouvements des mains et des pieds par rapport au corps. Vous avez peut-être remarqué que certaines personnes bougent beaucoup leurs mains lorsqu'elles parlent. D'autres s'assoient en croisant les jambes de manière hermétique ou d'autres encore ouvrent trop leurs jambes. Ces exemples se rapportent à la kinésie argumentative.

Dans le langage corporel, le plus important est de déterminer ce que les autres expriment par leurs gestes. Il s'agit d'une conversation sans paroles dans laquelle il y a des arguments qui soutiennent ou contredisent ce qui est dit en paroles. Contrairement aux mots, le corps exprime toujours quelque chose, le langage corporel n'est jamais silencieux et veut toujours signifier quelque chose, même lorsque le corps est immobile.

Grâce à la kinésie argumentative, nous pouvons déterminer différentes attitudes de notre interlocuteur de manière spécifique et pertinente. Par exemple le troisième ordre (le visage) peut être dirigé dans notre direction mais le premier ordre (la poitrine) peut être détourné. Ses satellites (mains et pieds) peuvent être proches du corps, dans une position défensive, et le corps entier peut être courbé vers l'arrière et s'éloigner légèrement du nôtre.

Du sous-système supérieur du satellite (nos mains et nos bras) surgissent des gestes manuels qui se classent comme illustrateurs, manipulateurs, régulateurs, artisans de la paix ou emblèmes.

La différence entre les postures de types Alpha et Bêta

Partons ici à la découverte de deux comportements liés à notre cerveau reptilien. En effet, lorsque l'on retourne aux origines de l'Homme, pour survivre dans des circonstances hostiles, nous avons, depuis d'innombrables siècles, un réflexe programmé qui nous conduit à combattre ou à fuir ("fight or flight" en anglais) et qui nous conditionne à déclencher l'une de ces deux réactions en cas de danger.

Combattre ou fuir sont deux options diamétralement opposées et, en même temps, elles concernent des attitudes qui distinguent les membres d'un groupe. L' "alpha" du groupe est celui qui mène le reste (en prenant des décisions, même lorsqu'il s'agit de se battre), tandis que les "bêta" suivent. Être "bêta" ne signifie pas nécessairement être soumis ou obéissant, cela signifie plutôt que l'on fait confiance à l' "alpha" et que l'on se calque sur ses commandements pour savoir comment se comporter. Cette distinction continue d'avoir un sens même aujourd'hui, puisqu'il s'agit d'une programmation très profonde dans notre cerveau et que l'attitude des "alpha" et des "bêta" peut être vue simplement à partir de leur posture corporelle. Il doit également être clair que, au contraire de nos idées préconçues qui partent du principe que le plus fort l'emporte, souvent la posture "bêta" nous donne plus d'avantages que la posture "alpha".

Les postures "alpha" sont caractérisées par :

- Menton saillant vers le haut
- La poitrine légèrement tournée vers l'extérieur, sans croiser les bras
- Posture verticale
- Les mains de chaque côté du corps
- Un contact visuel clair
- Mouvements corporels lents et contrôlés

Les postures "bêta" sont caractérisées par :

- Timide ou regardant vers le bas, menton penché vers le sol

- La poitrine se referme légèrement sur elle-même
- Posture légèrement incurvée
- Bras croisés sur la poitrine, couvrant les parties génitales ou en contact avec le corps (menton, visage...)
- Corps incliné (prêt à la fuite) pour échapper à la menace

À quoi sert la position bêta ? Au premier abord, cela peut sembler contre-productif dans n'importe quel scénario, mais en réalité, les experts en terrorisme disent qu'en cas d'enlèvement seul ou en groupe, une posture bêta permet de ne pas être trop voyant et menaçant, et facilite donc l'empathie avec les ravisseurs. On n'est jamais trop prudent...

Les gestes illustrateurs

Les gestes illustrateurs sont ceux qui nous aident à compléter un discours verbal par des mouvements qui représentent les concepts que nous exprimons en paroles. Par exemple, former un type de pince avec le pouce et l'index en disant "c'est proche", ou dessiner un cercle dans l'air en exprimant le mot "rond", sont des exemples de gestes illustrateurs.

Il ne faut pas confondre les gestes illustrateurs avec ceux du langage des signes dans lequel les mouvements ont des significations spécifiques. Dans le premier cas, celui que nous allons étudier, ils sont génériques et adaptables à différentes significations et contextes. La langue des signes a son langage personnel qui n'est pas nécessaire ou pertinent pour l'analyse des gens.

Les gestes illustrateurs n'ont pas de taxonomie universelle, c'est-à-dire que les cultures ou les pays n'ont pas convenu de donner un sens spécifique à un geste, ce qui peut entraîner une confusion entre les membres de différentes cultures.

Cependant, les gestes illustrateurs peuvent être classés pour leur mouvement et la place qu'ils prennent dans l'espace selon les caractéristiques suivantes : Amplitude, Vitesse, Symétrie, Trajectoire, Synchronicité et Contact Visuel.

L'importance de reconnaître les gestes de manipulation

Ce sont des gestes que l'on appelle aussi adaptateurs ou pacificateurs. Ces gestes sont des mouvements de mains ou de doigts qui ne soutiennent pas le discours comme les illustrateurs mais représentent les tensions émotionnelles de la personne. Toute émotion qui provoque un déséquilibre (nervosité, timidité, angoisse, peur, ressentiment, etc.) peut déclencher ce type de geste.

Le groupe des "Manipulateurs, Adaptateurs, Pacificateurs" est également connu sous le nom de "MAP". Ces gestes peuvent être très variés, mais leur caractéristique commune est qu'ils visent le corps lui-même, par exemple :

- Se passer les mains dans les cheveux
- Se toucher le nez
- Se couvrir (ou se caresser) la bouche
- Toucher les vêtements ou les manches
- Se toucher les doigts ou les entrelacer
- Passer sa main autour de sa nuque

Micro-mouvements et micro-caresses

Les Micro-mouvements et micro-caresses sont des gestes presque imperceptibles qui sont effectués du bout des doigts. Ils sont également dirigés vers votre corps et sont le résultat d'un stimulus émotionnel, sans pour autant vous toucher, mais en miroitant un geste auquel vous allez imperceptiblement payer attention. Par exemple, une personne peut avoir les bras pliés et, entre-temps, caresser légèrement son bras avec un doigt ou jouer avec une de ses bague. Cela signifie que la personne cherche à rendre la situation rassurante, en faisant des gestes apaisants. En effet, en faisant un geste de détente, comme se caressant le bras, la personne prodigue quelque chose que l'on sait rassurant, apaisant, et fait donc ce geste pour rendre la discussion plus séduisante, plus rassurante pour les deux partis. Si elle tente de vous convaincre de quelque chose, il n'est pas rare qu'elle agrémentera ses dires en se caressant le bras, les lèvres, les cheveux, bref, ce geste sera clairement vu par vous et des signaux de détente seront envoyés à votre cerveau, qui assimilera ce mouvement comme s'il vous était prodigué.

Les différences culturelles sont représentées par les emblèmes

Les emblèmes sont des gestes qui ont une signification commune dans un groupe ou une culture. Les Italiens sont célèbres dans le monde entier pour cela ! Ils insèrent un large éventail d'emblèmes qui renforcent leurs expressions verbales dans chaque conversation.

Il existe des emblèmes ambigus, comme le symbole traditionnel de la victoire (l'index et le majeur levés vers le ciel en forme de "V"), qui peut être offensants dans certaines cultures. Attention : les emblèmes sont différents des gestes illustrateurs, car ces derniers peuvent être interprétés de manière pratiquement universelle, tandis que les emblèmes sont véritablement liés à une culture ou un mouvement politique, religieux ou culturel délimités dans l'espace et le temps.

Le paralangage : ce que vous révélez lorsque vous parlez

Tout ce qui sort de notre bouche lorsque nous parlons n'est pas un langage verbal. Le paralangage fait référence à toutes les caractéristiques de la voix et à la façon dont elle peut être modifiée par les émotions :

- La rapidité de la parole
- Le volume de la voix
- Le ton, qui peut changer durant la conversation et les émotions traversées
- La modulation et prononciation

Il est important d'entraîner la capacité à remarquer les changements d'intonation ou les différences entre une phase et une autre en volume ou si la modulation de quelques mots est étrange.

Ces changements ne sont pas faciles à reconnaître par rapport à d'autres caractéristiques du non-verbal mais ils sont une indication très précise de ce qui passionne le sujet. En faisant attention à la façon dont votre interlocuteur change de vitesse, de ton, de termes, vous pourrez mieux le cerner et comprendre ce qu'il aime ou déteste : cela montre ce qui déclenche ses émotions, selon la discussion que vous avez.

Quelle est l'Erreur d'Othello et comment l'éviter

L' "Erreur d'Othello" représente l'interprétation erronée de signes de nervosité d'une personne innocente qui veut convaincre de son innocence, mais interprétés comme des signes de mensonges et de culpabilité. Elle est généralement commise par une personne qui n'est pas spécialiste de l'interprétation du non verbal et qui tire des conclusions à partir d'observations incomplètes. Une bonne analyse doit en effet inclure :

- La kinésie
- L'analyse des micro-expressions faciales
- Le paralangage
- L'analyse verbale
- En outre, la personne qui effectue l'analyse doit être différente de celle qui effectue un interrogatoire

Cela vaut-il la peine d'apprendre à interpréter le langage non verbal ?

Certaines catégories de professionnels peuvent bénéficier davantage de la pratique et de l'apprentissage de l'analyse du langage non verbal, par exemple :

- Les médecins peuvent appliquer ces connaissances pour créer une relation de confiance avec les patients et les faire se sentir libres d'exprimer leurs symptômes avec sincérité et de se sentir en accord avec le professionnel qui les traite

- Les avocats pénalistes peuvent l'utiliser pour comprendre si leurs clients sont vraiment innocents et également pour sembler plus assurés et confiants pendant un procès

- Les psychologues l'appliquent régulièrement avec leurs patients pour créer un environnement de confiance, comme le font les médecins

- Les enseignants peuvent l'utiliser pour identifier les élèves qui éprouvent plus de difficultés à différents stades de l'apprentissage

- Tout responsable peut utiliser ces techniques pour convaincre ses collègues ou ses supérieurs d'un projet qu'il souhaite mener à bien

- Les vendeurs ou les commerçants peuvent également tirer profit de la capacité à interpréter les gestes de leurs interlocuteurs et à comprendre quand le meilleur moment est venu de conclure la vente

Il existe de nombreux autres exemples et situations où l'on peut tirer profit de la connaissance du langage non verbal dans la vie quotidienne :

- Pour savoir si une personne vous aime véritablement, connaître les signes d'attraction ou les mettre en pratique pour séduire

- Pour être persuasif dans les conversations afin d'affirmer ses arguments

- Pour parler aux enfants ou à tout autre parent car la communication familiale est parfois particulièrement complexe. L'écoute active et l'interprétation des expressions non verbales peuvent être utiles pour se comprendre dans des situations très émotionnelles

En résumé, la communication non verbale est un atout non-négligeable dans la vie quotidienne. Nous pouvons y faire recourt en cas de besoin si l'on souhaite analyser les vraies motivations et émotions des gens, mais nous pouvons aussi l'utiliser sur nous-mêmes en premier lieu. Quelle est ma posture lorsque je me présente à quelqu'un de nouveau ? Comment puis-je changer mon comportement visuel pour mieux me faire comprendre ? C'est un travail analytique merveilleux, car nous pouvons nous utiliser comme cobaye en premier lieu. Une fois que nous connaissons mieux nos gestes corporels, nous pouvons nous mettre à observer les autres au quotidien. Cela nous donne également un meilleur potentiel pour l'empathie et la connaissance de la psyché de son prochain. Nous ne pouvons que vous recommander de commencer à apprendre et entrainer la communication non verbale dès maintenant !

5.

COMMENT DÉTECTER ET RECONNAÎTRE LES SIGNES DE MENSONGE

Comment savoir si quelqu'un ment

Vous voulez apprendre à reconnaître les mensonges et devenir une sorte de polygraphe humain ? Dans ce nouveau chapitre, nous allons vous présenter plusieurs ressources utiles pour savoir quand quelqu'un ment.

Le mensonge est irrationnel, et nous mentons constamment, autant que ce soit de petits mensonges ou des tentatives de cacher ce que l'on pense vraiment en atténuant, ou accentuant nos propos et compliments. Nous apprenons à le faire dès notre enfance pour éviter les conséquences négatives de nos erreurs et nous continuons à le faire à l'âge adulte lorsque nous considérons que les avantages l'emportent sur les risques. C'est pourquoi nous avons l'habitude de dire des mensonges qui ne font pas mal et qui ne nous font pas nous sentir mal, ou qui embellissent la vérité (par exemple : "Cette nouvelle coupe de cheveux te va à ravir!" ou : "J'ai attrapé un énorme poisson ce matin!") : petits ou gros mensonges, nous mentons tous d'une manière ou d'une autre.

Il existe plusieurs études sur le pourquoi, le quand et le comment du mensonge et grâce à elles, nous savons aujourd'hui que :

- Dans une conversation de seulement 10 minutes, vous risquez de mentir 3 fois
- Les hommes ont l'habitude de le faire plus souvent que les femmes
- Les extravertis mentent plus que les introvertis
- Plus une personne est créative, plus elle a tendance à mentir
- Le moyen préféré est le téléphone, car le langage corporel est caché
- Nous mentons moins par e-mail parce que nous avons peur que quelque chose reste écrit

Cependant, il existe également de nombreux mythes erronés sur le mensonge. Nous allons passer en revue certains dans la suite de ce chapitre. Mettez tous vos préjugés sur les mensonges de côté et repartons sur des bases solides avec des faits avérés !

Mensonges sur la reconnaissance du mensonge

Pensez-vous être bon pour repérer lorsque les autres mentent ? Peut-être vous l'êtes... ou peut-être vous pensez simplement être meilleur que la moyenne. Pourtant, selon certaines études, nous ne sommes capables de découvrir un mensonge dans seulement 54% des cas ! En d'autres termes, si nous lançons une pièce de monnaie en l'air, nous aurions les mêmes chances de découvrir la supercherie.

De nombreux comportements qui sont censés accompagner un mensonge (éviter le contact visuel, être nerveux, dilater les pupilles, se gratter le nez, etc.) peuvent être manifestées également par des personnes honnêtes qui ne mentent pas mais sont timides ou vivent une situation tendue. En effet, ces comportements font parties de ces préjugés que nous avons sur les menteurs. Mais ceci n'est peut-être vrai que pour les enfants, peu habitués à mentir. Comme indiqué plus haut, nous mentons plusieurs dizaines, voire centaines de fois par jour. Nous sommes donc, malgré nous, des experts en la matière.

Ci-dessous, nous voyons différents mythes sur la science du mensonge et qui en réalité n'ont aucune utilité ni aucun fondement véridique.

Le mensonge a son propre langage corporel spécifique

Selon une croyance populaire, le corps envoie des signaux lorsque nous mentons, mais aucune étude n'a pu établir une série de comportements corporels spécifiques à associer au mensonge. Pourquoi ? Parce que nous nous comportons tous très différemment lorsque nous mentons ! Nous avons tous nos astuces développées au fil du temps, alors ne supposez pas que si quelqu'un ne vous regarde pas dans les yeux lorsqu'il vous parle ou s'il se touche le visage, c'est parce qu'il essaie de vous piéger. Cette personne est peut-être nerveuse, timide... ou peut-être son visage la démange ! N'oubliez pas d'analyser les comportements sans préjugés et en éliminant les comportements "basiques" en premier. Est-ce l'été et la personne qui vous parle se gratte le nez ou le visage ? Peut-être est-elle allergique au pollen !

Certains gestes sont souvent considérés comme un symptôme de mensonge, par exemple :

- **Se couvrir la bouche avec une main :** Si quelqu'un raconte une histoire et se couvre la bouche, certaines personnes pensent qu'il ment peut-être. De même, s'il couvre sa bouche en vous écoutant, cela peut signifier qu'il cache quelque chose.

- **Se toucher le cou :** Il peut également être conjugué au toucher du col de la chemise. Selon certains, il indique l'anxiété, la nervosité ou même la peur. En effet, le cou est une partie très sensible et notre cerveau reptilien cherche à protéger cette partie du corps plus vulnérable, afin qu'un ennemi ne nous prenne pas par la gorge lorsque nous vivions encore au temps des Hommes des Cavernes. Certains hommes ont tendance à toucher le nœud de leur cravate : selon les personnes qui considèrent que c'est un geste de mensonge, cela serait dû au fait que le mensonge peut provoquer une sensation de démangeaison ou d'inconfort sur le visage et le cou qui vous amène à vous gratter involontairement.

- **Expression faciale de la fausse surprise :** Pour certaines personnes, l'agrandissement des micro-expressions faciales typiques de la surprise peut être un signe de mensonge ; si ces mouvements faciaux durent plus d'une seconde et semblent être accentués, la surprise serait clairement fausse et la personne tente de cacher le fait qu'elle savait déjà ce que vous lui annoncez.

Pour chaque étude qui dit qu'un menteur touche son nez, il y en a une autre qui affirme le contraire. En fin de compte, il n'existe aucun signe ou ensemble de signes spécifiques qui permettent de comprendre à la volée et avec précision qu'une person

ne ment.

Ne vous fiez pas à ce qu'ils vous disent

Bien qu'il soit largement admis que le langage corporel est plus important que le langage verbal, cette déclaration doit également être considérée avec la prudence nécessaire.

Certes, le langage corporel peut offrir des indices, mais parfois ce qui est exprimé en mots peut être encore plus fiable. On notera par exemple que si une personne met énormément d'accent sur un mot, ou utilise des termes plus spécifiques ("Je n'ai pas trompé ma femme" se transforme chez les menteurs en "Je n'ai eu aucune relation sexuelle avec madame ma secrétaire"). Si le discours vous semble alambiqué, alors il y a de gros risques pour que la personne tente, désespérément, de trouver un échappatoire à la vérité, en choisissant des mots plus techniques ou compliqués.

La direction du regard donne des indices

Selon le PNL (programmation neurolinguistique), quand quelqu'un bouge les yeux vers la droite, il peut mentir, alors que s'il les bouge vers la gauche, il dit la vérité. Mais si c'était vrai, nous aurions l'indice clé pour découvrir tous les menteurs et ils parleraient donc avec des lunettes de soleil ! Il est évident qu'il n'est pas facile de reconnaître le mensonge de cette façon.

Selon une étude menée en 2012, la direction du regard est indépendante de la véracité de l'histoire racontée. En fait, selon certaines études, les personnes qui racontent le plus de mensonges ne regardent pas d'un côté et gardent les yeux fixés vers la personne à qui elle parle.

Elles le font probablement pour comprendre si leur interlocuteur croit au mensonge, et tente, à travers leur regard, de prouver que leur explication n'est pas biaisée. De plus, la popularité de croire que le regard est fuyant si l'on ment fait que beaucoup de menteurs évitent justement de faire fuir leur regard lorsqu'ils mentent !

Le polygraphe ne se trompe jamais

Un autre mythe célèbre à éliminer d'emblée ! Autant les films et les programmes télévisés s'attachent à nous faire croire que le polygraphe est un outil fiable, autant une étude a montré que le pourcentage de véracité était de seulement 65%. Pourtant, cet outil peut paraître très alléchants de par son procédé immédiat. En posant des diodes sur la personne interrogée, nous mesurons son rythme cardiaque, la transpiration, la température corporelle et les différences de tension. Ainsi, si la personne est en état de stress (et donc, qu'elle "ment"), alors le polygraphe s'excite et démontre un changement drastique dans plusieurs états physiques de la personne interrogée.

Le principal problème est le nombre élevé de faux positifs : il est très probable que les personnes qui disent la vérité soient identifiées comme des menteurs, car un entretien dans une salle d'interview de police peut être stressant, avec des questions bouleversantes et des moyens utilisés très intimidants. Incroyable, mais le système judiciaire américain utilise encore le polygraphe comme moyen sûr de découvrir si la personne suspecte ment. Les tests de polygraphe n'ont pas de valeur juridique dans la majorité des pays, et est même interdit en Suisse. On pense néanmoins qu'utiliser un polygraphe servira plutôt de moyen d'intimidation, car les gens pensent que l'outil va démasquer le mensonge, et dès lors, elles ne devraient pas mentir et avouer leur crime.

Malgré tous ces outils présentés et toutes les tentatives de percer à jour les mensonges, la vérité est qu'il est très difficile de reconnaître les personnes qui mentent. La raison principale est que nous avons tendance à mélanger les mensonges avec de vrais concepts et nous pouvons alors ajouter de vrais détails qui donnent plus de crédibilité.

De plus, chaque individu est si unique qu'il n'y a pas de signe universel de mensonge. Tout le monde ne se comporte pas de la même manière quand on ment, certains évitent le contact visuel, d'autres non. Nous avons également trop tendance à nous baser sur les préjugés cités ci-dessus : l'idée de certaines est juste, mais l'application ne l'est pas. Comme par exemple le fait d'utiliser des mots spécifiques alambiqués plutôt que des réponses courtes, qui s'est avéré vrai, en particulier après le cas Clinton – Lewinsky, qui est devenu un cas d'école depuis !

C'est pourquoi l'entraînement à la reconnaissance du mensonge par le langage verbal ou corporel nous amène à deviner au maximum 60% des cas, soit 6% de plus que ceux qui n'ont jamais exercé cette compétence !

Comment donc savoir si une personne ment ?

Tout d'abord, vous devez avoir trois concepts de base clairs :

1. Faire attention aux détails et aux changements de comportement

Le simple fait de prêter attention aux détails perfectionnera votre capacité à reconnaître le mensonge. Lorsqu'une personne ment, de petites différences dans son comportement ou dans l'histoire qu'elle raconte peuvent apparaître, et plusieurs études ont montré que prêter attention à de tels détails améliore votre capacité à reconnaître les mensonges. On peut par exemple noter que la personne aura tendance à s'énerver plus facilement si elle ment, car elle se sentira attaquée et a peur de laisser révéler son mensonge.

2. Essayez de vous isoler de vos émotions

Bien sûr, c'est un exercice difficile, mais si vous vous mettez en colère, si vous êtes triste ou si vous vous réjouissez excessivement, vous ne pourrez pas voir les petits détails qui peuvent se présenter à vous. Lorsque vous entrez dans un état émotionnel, votre esprit passe en mode "pilote automatique". Dès lors, si vous désactivez une partie de vos fonctions rationnelles, vous ne remarquerez peut-être pas des indices indiquant que l'autre personne ment.

Les menteurs plus expérimentés tentent de faire exactement cela : vous mettre dans un état altéré afin que vous mettiez l'attention sur votre état émotionnel, ne posiez plus de questions et que vous commenciez à prendre de mauvaises décisions. Si vous gardez la tête sur les épaules et que vous ne laissez pas vos émotions prendre le dessus vous serez plus lucides. Votre interlocuteur verra donc que vous êtes difficilement impressionnable, malgré ses tentatives de vous désarçonner.

3. Faites confiance à votre instinct autant que possible

La dernière étape, et néanmoins la plus cruciale ! Une fois que vous avez observé les détails aussi placidement que possible, il est temps de faire confiance à votre instinct. C'est aussi facile que ça ! Faites confiance à votre intuition car, comme il a été scientifiquement prouvé, nous sommes plus efficaces pour détecter les mensonges lorsque nous le faisons inconsciemment que si nous essayons d'analyser les signaux de manière rationnelle, car nous tentons d'avoir raison, et donc de chercher à voir ce que nous voulons voir plutôt que remarquer quelque chose qui serait autrement passé inaperçu. Notre regard est donc biaisé par notre recherche d'une chose précise. La raison en est qu'à un niveau irrationnel, nous sommes capables de voir des signaux que l'esprit conscient ne remarque pas. Alors, soyez attentifs, laissez passer le temps et laissez-vous guider par votre instinct, les chances de repérer le mensonge augmenteront.

Même si les 3 points que nous venons de décrire sont essentiels pour avoir une plus grande certitude que quelqu'un vous ment, il faut néanmoins que ces signes de mensonge, tels que les changements de comportement ou les contradictions dans son histoire, soient évidents. Voyons comment faire en quelques étapes.

Identifiez son état naturel et trouvez les différences

La seule façon de suspecter avec une certaine confiance que quelqu'un ment est en trouvant des différences entre les signes lorsqu'il dit la vérité et lorsqu'il ne la dit pas. C'est pourquoi la première chose à faire est de comprendre comment il se comporte habituellement, c'est-à-dire de connaître sa "ligne de conduite de base" et ses traits de personnalités et de caractères avant de tirer des conclusions hâtives.

- S'il s'agit d'une personne que vous connaissez, cela devrait être beaucoup plus facile, car vous connaissez déjà en majorité son langage corporel ou les phrases qu'elle utilise plus souvent.
- Avec un étranger, vous pouvez le faire en commençant à parler d'un sujet de conversation superficiel où il n'a pas besoin de mentir, par exemple vous pouvez lui demander d'où il vient ou la ville dans laquelle il a grandit, bref, un sujet neutre où cette personne ne ressent pas le besoin de mentir.

À partir de là, chaque fois que vous abordez un nouveau sujet, il est important que vous observiez les comportements de votre interlocuteur qui ne font pas partie de son "vocabulaire corporel habituel", et que vous les considériez comme un signal d'alarme, par exemple :

- Est-ce que votre interlocuteur serre les épaules plus que d'habitude ? Selon M. Ekman, certaines personnes ont tendance à lever légèrement une épaule ou les deux lorsqu'elles mentent, comme si elles voudraient se protéger, ou se sentent tendus et nerveux, leurs muscles se contractant donc.

- Se met-il à toucher ses yeux ? Dans une tentative inconsciente de dissimuler quelque chose d'inconfortable, certaines personnes commencent à se frotter les yeux inconsciemment.

- Vous regarde-t-il fixement en faisant "Oui" de la tête ? Certaines personnes, lorsqu'elles mentent, commencent à vous fixer et à hocher la tête en signe d'assentiment. C'est une façon inconsciente de tenter de vous dire qu'il faut croire à ses mensonges.

- Commence-t-il à bouger ses mains ou à jouer avec elles ? C'est un autre signe de nervosité, essentiellement s'il noue ses mains nerveusement, ou si ses gestes sont plus brusques qu'auparavant.

Il est important de ne pas considérer ces signaux individuellement, mais d'en rechercher un ensemble. Commencez à soupçonner si votre interlocuteur se met soudainement à avoir une attitude plus agitée ou plus fermée, par exemple. Bien que ces changements ne représentent pas la certitude qu'il ment, ils révèlent généralement une certaine altération émotionnelle, qui peut être liée au côté inconfortable du mensonge.

Mais n'oubliez pas de mettre de côté les éléments déclencheurs de base : parlez-vous d'un sujet qui peut énerver l'interlocuteur, et est-ce donc pourquoi ses gestes sont plus brusques ? Votre interlocuteur semble-t-il fatigué et serait-ce la raison pour laquelle il se frotte les yeux ? Partez toujours de la vision la plus neutre que vous pouvez avoir, avant de remarquer plusieurs indices qui pourraient indiquer le mensonge.

Surcharge des circuits : le stress cognitif

Vous savez maintenant qu'il n'y a pas de formule magique pour découvrir les mensonges d'autrui. En vérité, l'astuce pour reconnaître si quelqu'un ment, est simplement de trouver des différences par rapport à son comportement habituel. Cependant, lorsque quelqu'un s'est préparé à mentir naturellement, la question peut se compliquer. Mais dans ces situations vous disposez d'une arme à votre avantage : le stress cognitif.

Raconter des mensonges crédibles et bien élaborés est un exercice très difficile : il faut créer une histoire, ajouter des éléments réalistes et essayer de ne rien laisser au hasard. Cela oblige le cerveau de la personne qui ment à travailler dur pour réussir dans ce procédé. Si vous parvenez à surcharger davantage son processus mental, des signes verbaux (tels que des contradictions et des doutes) et corporels (tels que des changements de comportement) seront évidents. Le menteur ne pourra plus se concentrer sur l'histoire construite pour cacher les signaux qui sautent aux yeux et il vous sera plus facile de les remarquer. Voyons ci-dessous comment surcharger cognitivement un interlocuteur si vous le soupçonnez de mentir.

1. **Surprenez-le** : Peu de gens sont vraiment maîtres du mensonge, ou des menteurs pathologiques. Ils tissent des histoires complexes et des intrigues de films hollywoodiens, alors comment les surprendre et les déstabiliser ? Tout d'abord, observez-les attentivement et, lorsqu'ils s'y attendent le moins, surprenez-les avec un changement de sujet ou une question à laquelle ils ne s'attendent pas, par exemple :

a. Changez de sujet brusquement. Si la personne mentait, elle pourrait se détendre, car la conversation dévie vers quelque chose de plus neutre, où elle n'aurait pas besoin de continuer son mensonge et de s'y embourber. Si elle était innocente, elle pourrait réagir de manière étrange et poser ouvertement des questions pour savoir pourquoi vous avez changé de sujet.

b. Posez une question imprévisible pour surprendre votre interlocuteur qui ne s'attendait peut-être pas à répondre à une certaine curiosité et n'a pas préparé de réponse. Ce geste inattendu de votre part fera que le menteur sera tiré de son histoire, et perdra donc le fil de son mensonge. Vous pourriez tout simplement poser une question farfelue comme "Pensez-vous que les animaux rêvent en couleur ?" Cette question est anodine, surprenante, et fera réfléchir l'autre à quelque chose de drastiquement différent de l'histoire dans laquelle il s'est embarqué.

2. Retracez l'histoire dans l'ordre inverse : C'est une stratégie souvent utilisée par la police lorsqu'elle interroge les délinquants présumés et leur demande de raconter l'histoire en commençant par la fin et en progressant vers le début. Il est facile de raconter une histoire dans l'ordre inverse s'il s'agit d'une histoire qu'une personne a vécue pour de vrai, car l'image mentale de l'histoire est très claire dans son esprit. Mais lorsqu'il s'agit d'un mensonge, le stress cognitif augmente en raison de la difficulté à faire tenir les morceaux de l'histoire et de se rappeler de l'ordre des détails en particulier. Cela peut entraîner des incohérences évidentes ou des changements dans le langage corporel.

Plusieurs études ont montré qu'il est plus facile de reconnaître un mensonge lorsque quelqu'un raconte une histoire à l'envers, et lorsqu'un menteur le fait, vous pouvez remarquer que :

- Il n'arrive plus à organiser l'histoire de manière habile
- Il se corrige lui-même plusieurs fois
- Il omet les détails sensoriels (couleurs, odeurs, etc.)
- Il répond timidement ou hésite souvent
- L'histoire est pleine de contradictions
- Il s'agite et devient nerveux
- Il parle plus lentement afin de mieux se rappeler l'ordre chronologique des choses

3. **Testez-le par un interrogatoire** : Avant d'accuser quelqu'un, il est commode de disposer d'une grande quantité d'informations pour valider votre thèse. Plus vous recueillez de données pour étayer votre idée que la personne ment, mieux vous réussirez cette démarche. Posez autant de questions ouvertes que possible au début (comme "Qu'avez-vous fait hier après-midi ?"), puis commencez à entrer dans les détails (comme "Pouvez-vous me dire à quelle heure vous êtes

sorti de chez vous ?") et observez attentivement si votre interlocuteur met en œuvre l'une des stratégies suivantes :

a. **Il répète la question que vous lui avez posée.** Si, lorsque vous lui posez une question, il la répète avant de vous répondre, il essaye probablement de gagner du temps pour préparer sa réponse.

b. **Il vous donne trop d'informations inutiles.** S'il donne trop de détails alors qu'on ne lui a pas demandé, les chances qu'il mente augmentent.

c. **Il est sur la défensive lorsque vous lui demandez pourquoi vous devriez le croire.** Si vous posez cette question à quelqu'un qui ne ment pas, généralement il répond par "Parce que je vous dis la vérité", un menteur peut se mettre sur la défensive avec des phrases comme "Vous n'avez pas besoin de me croire si vous ne voulez pas" ou "Pourquoi vous mentirais-je ?"

d. **Il évite de répondre par "oui" ou "non" à une question directe.** Si, vers la fin de l'interrogatoire, il n'arrive pas à répondre avec des monosyllabes à des questions directes et a tendance à utiliser d'autres sujets, vous avez de bonnes raisons de soupçonner.

4. **Faites attention aux histoires**. Les menteurs les plus habiles élaborent des histoires complexes car il est prouvé que de cette façon, il est plus facile de distraire l'esprit de l'interlocuteur. Lorsqu'ils nous

racontent une histoire, nous avons tendance à nous détendre et à ne pas prêter attention aux détails. Dès lors, il devient donc plus compliqué de remarquer les incohérences de son discours. Plus vous vous immergez dans une histoire, plus ils peuvent facilement vous tromper. Pour éviter cela, vous pouvez interrompre l'orateur et lui demander de recommencer ou de vous dire à nouveau un point qui n'est pas tout à fait clair pour vous. Cela augmentera leur stress cognitif et réduira le pouvoir de persuasion de l'histoire, car il devra à nouveau recréer le scénario du mensonge qu'il tente de créer, et risque de louper, ou d'ajouter, des détails qui n'étaient pas présents auparavant.

Pour résumer ce qui a été expliqué, reconnaître les mensonges, autant que les croyances populaires veulent vous faire croire qu'il existe des signaux indubitables du langage corporel, n'est pourtant pas si simple. La seule manière efficace est la suivante :

- Assurez-vous de connaître le **comportement habituel** de la personne et soupçonnez qu'elle commence à se comporter différemment lorsqu'elle aborde un certain sujet.

Pour que ces changements soient évidents, faites-lui subir un stress cognitif. S'il ment, des incohérences apparaîtront dans l'histoire et vous constaterez des changements dans son langage corporel.

Les mensonges des enfants : comment les aborder

Les enfants aussi mentent et le font pour des raisons très similaires à celles des adultes. Leurs premiers mensonges sont généralement exploratoires et font partie d'un jeu, car l'enfant a de la peine à différencier le vrai du faux, l'imaginaire du réel. Plus tard ils les utilisent pour éviter une punition ou se soustraire à des responsabilités de leur âge. Il ne faut pas oublier que le mensonge est un comportement qui indique un développement critique du cerveau et qu'avec chaque mensonge, un enfant renforce la compréhension que les autres personnes ont des pensées et des expériences différentes des siennes. En d'autres termes, le mensonge exige de bonnes capacités de réflexion.

Les enfants commencent à mentir vers l'âge de 4 ans, bien que parfois ils puissent le faire encore plus tôt. On remarquera certains "mensonges" chez des enfants de seulement 2 ans, car ceux-ci n'ont pas encore tout à fait assimilé leurs rêves et la réalité tangible. Si nous constatons qu'un enfant ment, la meilleure chose à faire est de lui parler et d'essayer de comprendre si notre sentiment correspond à la réalité. Il est nécessaire de comprendre à temps les mensonges des enfants, car s'ils s'habituent au mensonge de manière quotidienne, cela renforce un comportement négatif qui peut leur être néfaste en grandissant. En effet, si un enfant ment au quotidien et ce comportement devient sa monnaie courante, celui-ci sera beaucoup plus enclin à faire du mensonge une façon de dialoguer, de manipuler, et rend l'expression des sentiments réels presque impossibles, menant donc la personne a ne jamais savoir s'exprimer correctement. On remarquera ce comportement chez les menteurs pathologiques et même les sociopathes.

Comment comprendre si un enfant ment ?

Il est important qu'un environnement de communication détendu soit créé entre l'adulte et l'enfant afin que les enfants puissent admettre leur culpabilité et résoudre les problèmes qui se présentent à eux. Lorsqu'un enfant ment, ce n'est généralement pas pour faire du mal mais pour ne pas décevoir ses parents, ses enseignants ou ses amis, ou pour faire plaisir à ceux-ci. Il est donc nécessaire de les aider à comprendre qu'être honnête est plus important que l'image de soi projetée aux autres. Si un enfant trouve nécessaire de mentir régulièrement, c'est parce qu'il ne se sent pas assez sûr de lui pour dire la vérité. Les adultes le remarquent généralement parce qu'il est nerveux, que sa voix change ou qu'il esquive le regard. Voyons en détail ci-dessous quelques indices permettant de déterminer si un enfant ment.

Ne pas poser de questions sans fin

Le premier conseil pour comprendre si un enfant ment est de lui demander s'il a menti et sans poser de questions sans y répondre (ne dites pas : "Tu as menti n'est-ce pas ?", mais plutôt "Es-tu en train de mentir ?") Vos questions doivent être précises et une situation de confiance doit être créée. Si nous posons des questions trop articulées, nous le rendrons nerveux et il sera probablement sur la défensive. Nous devons lui expliquer calmement que nous apprécierions qu'il nous dise ce qui s'est passé et qu'il soit sincère, qu'il ne sera pas puni s'il nous dit la vérité et que notre sentiment par rapport à lui ne changera pas ! Les enfants ont généralement peur de décevoir ou d'être puni, critiqué. C'est généralement pour cela qu'ils mentent.

Empathie et calme

Si nous interrogeons un enfant comme si nous étions à un interrogatoire de police, alors l'enfant ne sera pas honnête, car il se sentira pris au piège, nerveux et ne sachant pas comment réagir à ce comportement agressif et accusateur. Nous devons créer un environnement calme et empathique adapté à son âge. Ainsi, il est bénéfique de le laisser raconter les faits à sa manière sans jugement immédiat. En comprenant sa situation, nous pouvons commencer un dialogue ouvert qui cherche à résoudre le conflit plutôt que d'accuser l'enfant d'être en tort. Vous ouvrez ainsi un dialogue calme, libre et qui permet à l'enfant de parler avec ses propres mots de ce qu'il a vécu qui a mené au mensonge.

Essayez de vous concentrer sur le côté positif

Une fois que l'enfant vous a raconté ce qui s'est passé, essayez de vous concentrer sur les choses positives qu'il a exprimé. Il a reconnu avoir menti et il est important qu'il comprenne qu'il ne doit pas répéter cette attitude.

Si vous vous mettez en colère contre lui, il ressentira l'agressivité et ne voudra plus rien vous dire à l'avenir. Validez donc son honnêteté et le fait qu'il aie avoué son mensonge avant de vous diriger vers un dialogue qui aidera à résoudre le conflit. Apprenez-lui que les mensonges sont néfastes, car même s'ils aident à le faire se sentir mieux à court terme, la vérité sera toujours révélée tôt ou tard, et cela peut lui retomber dessus. Gardez bien en valeur les aspects positifs de son comportement : vous appréciez le fait qu'il ne souhaite pas vous blesser et a donc menti, il a donc une empathie pour vous. Lorsqu'il avoue son mensonge, reconnaissez son honnêteté et sa sincérité. Vous pouvez alors également décrire des émotions afin qu'il puisse mettre des mots sur ce qu'il ressent. Ceci est un atout extrêmement nécessaire au bon développement émotionnel de l'enfant.

Donnez le bon exemple

L'environnement familial et scolaire a une énorme influence sur le comportement des enfants. Parmi les différentes raisons pour lesquelles les enfants mentent, il y a le fait qu'ils voient cela fait par les adultes autour d'eux et ont tendance à le faire quand ils sentent que leurs besoins ne sont pas compris. Les mensonges surgissent aussi lorsqu'on leur en demande trop à l'école et dans la morale. On peut aussi leur raconter des histoires et anecdotes qui montrent notre position sur les mensonges. Vous l'aurez remarqué, les enfants ont tendance à beaucoup mentir, et traiter les autres de menteurs, vers 7 ans. C'est là que les interactions sociales sont aiguisées et que l'enfant comprend de mieux en mieux l'utilité du mensonge. A l'école par exemple, les enfants mentent très régulièrement et même si votre enfant n'est pas habitué à mentir, celui-ci pourra se laisser influencer par ses camarades et créer des mensonges juste pour voir leurs effets sur son entourage. Apprenez-lui à remarquer le mensonge chez ses amis et entraînez-vous à comprendre pourquoi ses camarades de classe mentent. Vous formerez ainsi un futur adulte qui comprendra mieux le monde qui l'entoure et sera plus apte à découvrir les mensonges du quotidien.

6.

LES DIFFÉRENTS TYPES DE PERSONNALITÉS ET LES OUTILS PERMETTANT DE LES RECONNAÎTRE

Dans le premier chapitre, nous avons déjà mentionné différentes approches de l'étude de la personnalité, qui vous a permis d'être paré pour pouvoir analyser au mieux une situation selon les comportements de votre interlocuteur. Voyons maintenant plus en détail les principales théories sur la construction de la personnalité qui ont été analysées et développées au fil des ans.

Les théories de la personnalité les plus pertinentes dans l'histoire de la psychologie

La personnalité est comprise comme l'ensemble relativement stable de tendances et de schémas de pensée, de traitement de l'information et de comportement que chacun de nous manifeste au cours de sa vie et à travers le temps. Les différentes situations auxquelles cet ensemble est confronté est l'un des principaux aspects qui ont été étudiés et analysés par la Psychologie. Différents courants et auteurs ont établi des théories et des modèles de personnalité différents.

Nous expliquons brièvement ci-dessous quelques-unes des principales théories de la personnalité qui reposent sur différentes approches telles que celles déjà mentionnées dans le premier chapitre : internaliste, situationniste et interactionniste. Il est important de garder à l'esprit que toutes les théories suivantes ne sont pas considérées comme encore valables aujourd'hui.

La théorie de la personnalité de Freud

Le courant psychodynamique a développé plusieurs théories et modèles de personnalité. Parmi les plus connus sont ceux du père de la psychanalyse, Sigmund Freud. Pour lui, le comportement et la personnalité sont liés à l'existence d'impulsions que nous devons faire fructifier, ainsi qu'aux conflits qui présupposent un besoin de limitations posé par la réalité.

Dans le premier thème, Freud propose que la psyché humaine soit structurée en trois systèmes définis : un inconscient régi par la recherche de la réduction des tensions et qui fonctionne par le principe du plaisir, un autre conscient régi par la perception du monde extérieur et la logique du principe de réalité, et un préconscient dans lequel les contenus inconscients peuvent devenir conscients et vice versa.

Dans le deuxième sujet, et probablement son travail le plus populaire, Freud détermine une deuxième grande structure de personnalité compatible avec la précédente dans laquelle la psyché est configurée par trois instances : le Ça, le Moi et le Surmoi. Le Ça est notre partie la plus instinctive qui détient et dirige l'énergie interne sous forme d'impulsions et à partir de laquelle naissent les autres structures. Le Moi serait le résultat de la comparaison entre les impulsions et les pulsions avec la réalité, c'est une structure médiatrice et constamment conflictuelle qui utilise différents mécanismes pour sublimer ou rediriger les énergies provenant des impulsions. Enfin, le Surmoi serait la partie de la personnalité qui se forme dans la relation avec la société et qui a pour fonction principale le jugement et la censure des comportements et des désirs qui ne sont pas socialement acceptables.

D'après Freud, la personnalité se construit au cours du développement en différentes phases, en fonction des conflits existants entre les différentes instances, structures et mécanismes de défense appliqués pour tenter de les résoudre.

La théorie de la phénoménologie de Rogers

Dans une perspective humaniste-phénoménologique d'approche clinique, Carl Rogers (1902 - 1987) soutient que chaque personne a son propre champ phénoménologique ou sa propre façon de voir le monde, basée sur la conduite de cette perception. Son travail fut intitulé "Approche Centrée sur la Personne". La personnalité dériverait ainsi de la conception de soi ou de la symbolisation de l'expérience de sa propre existence qui découle de l'intégration de la tendance à s'améliorer avec le besoin de ressentir l'amour du contexte et l'estime de soi dérivée du contraste entre la conduite et la réponse reçue du contexte. Si des contradictions existent, des mesures défensives sont utilisées pour cacher cette incohérence.

Rogers utilise donc l'auto-questionnement afin de définir sa propre personnalité. Les questions types sont : "Suis-je authentique ?", "Suis-je capable de relation positives ?", "Ai-je bien conscience de qui je suis ?", "Ai-je la force d'être distinct de l'autre ?". La relation entre le client et le psychiatre doit être congruente, et le psychiatre doit prouver au client qu'il est humain également, pas seulement un spécialiste du domaine.

La théorie des construits personnels de Kelly

George Kelly (1905 – 1967) développa dans les années 1950 le principe de la "Personal Construct Psychology", une théorie ancrée dans le cognitivisme et le constructivisme. D'après cet auteur, chaque personne a sa propre représentation mentale de la réalité et agit de manière scientifique en essayant de donner une explication à ce qui l'entoure au quotidien.

D'après Kelly, la personnalité est constituée comme un système hiérarchique de constructions personnelles dichotomiques qui s'influencent mutuellement et forment un réseau avec des éléments nucléaires et périphériques à travers lesquels nous essayons de donner des réponses et de prédire l'avenir. Ce qui motive la conduite et la création du système de constructions est la tentative de contrôler le milieu grâce à la capacité prédictive qui en découle et l'amélioration de ce modèle prédictif grâce à l'expérience.

En effet, pour Kelly, les humains sont donc des scientifiques à leur échelle, réalisant des analyses des choses qui les entourent. Nous réalisons des "expériences" qui vont renforcer ou infirmer nos opinions et nos avis tout au long de notre vie. Notre vision du monde est donc uniquement à travers notre propre "prisme" de croyances que nous avons façonné nous-mêmes.

La théorie de la personnalité idéographique d'Allport

Gordon W. Allport (1897 - 1967) considère que chaque individu est unique dans le sens où il a une intégration des caractéristiques différentes du reste de la population. C'est pourquoi nous sommes des entités actives qui essaient d'atteindre des objectifs.

Allport est l'un des auteurs qui considère que la personnalité fonctionne à partir de traits, c'est-à-dire d'éléments structurels et stables. Pour lui, nous essayons de faire en sorte que notre comportement soit cohérent et nous agissons de manière à créer un système à partir duquel nous pouvons répondre de manière similaire à différentes stimulations.

Nous élaborons donc différentes manières d'agir ou d'exprimer un comportement qui nous permet de nous adapter à l'environnement. Ces traits ont une importance différente selon l'influence qu'ils ont sur notre comportement, ils peuvent donc être cardinaux, centraux ou secondaires.

La théorie de la personnalité de Cattell

La théorie de la personnalité de Raymond Cattell (1905 - 1998) est l'une des plus célèbres et des plus reconnues des théories factorielles de la personnalité. Structuraliste, corrélationnel et internaliste comme Allport, Cattell considère, à partir de l'analyse du lexique, que la personnalité peut être comprise en fonction d'un ensemble de traits qui sont conçus comme la tendance à réagir d'une certaine manière à la réalité.

Ces traits peuvent être classés en trois catégories : tempéramentales (les éléments indiquent comment se comporter), dynamiques (la motivation de la conduite ou de l'attitude) ou attitudinales (les capacités du sujet à exécuter la conduite).

Les plus pertinents sont les tempéraments, dont Cattell extraira les 16 facteurs de personnalité primaires qui sont mesurés par le 16PF (et qui font référence à l'expression émotionnelle, l'intelligence, la stabilité, la domination, l'impulsivité, le conformisme de groupe, l'audace, la sensibilité, la méfiance, l'imagination, la ruse, la culpabilité, la rébellion, l'autonomie, la maîtrise de soi et la tension).

Son travail fut grandement applaudi par la communauté scientifique, et le modèle 16PF est encore grandement utilisé dans le cadre du travail, lors d'entretiens d'embauche par exemple.

La théorie du "Big Five" de Costa et McCrae

Une des grandes théories factorielles basée sur une approche lexicale (en fait, elle part de l'idée que les termes avec lesquels nous expliquons notre comportement nous permettent d'établir, grâce à une analyse factorielle, l'existence de groupements de caractéristiques ou de traits de personnalité). Le Big Five est l'un des modèles de personnalité les plus célèbres.

Proposé en 1981 par Lewis Goldberg puis développée et terminée en 1992 par les philosophes Paul Costa et Robert McCrae, ce modèle indique l'existence de cinq grands facteurs de personnalité que nous avons tous, dans une faible ou une large mesure : extraversion-introversion, agréable-désagréable, conscience-négligence, névrose-stabilité émotionnelle et ouverture d'esprit-fermeture d'esprit. Par le biais de l'analyse factorielle, les deux chercheurs ont déclaré que chacun de ces facteurs est à son tour formé par des traits qui sont en relation les uns avec les autres et qui, dans leur ensemble, offrent une façon d'interpréter le monde et d'y réagir.

Le modèle Cloninger

Claude R. Cloninger (1944 -) présenta le modèle de Questionnaire de la Personnalité Tridimentionnel. Comme son nom l'indique, cette méthode est régie par trois très de personnalités très forts chez chacun d'entre nous. Ce modèle envisage l'existence d'éléments de tempérament, tels que la recherche de la nouveauté, l'évitement du mal, la dépendance à la récompense et la persistance. Ces éléments de caractère biologique et acquis sont à la base du modèle comportemental que nous appliquons à notre vie et dépendent largement de l'équilibre neurochimique du cerveau et des neurotransmetteurs. Cloninger se base sur des activités cérébrales de la recherche de récompense ou d'évitement de dommages, comme les activités dopaminergique, sérotoninergique et noradrénergique.

Cloninger fut également l'un des précurseurs dans ses recherches de l'alcoolisme héréditaire, qui influença grandement la communauté scientifique récente. En effet, l'alcoolisme n'était pas considéré comme une maladie génétique avant ses récentes recherches.

Les 4 principaux tests de personnalité

Nous allons désormais aborder un sujet extrêmement populaire lorsque l'on parle de psychologie actuelle : les techniques de mesures pratiquées en psychologie, la psychométrie. L'objectif principal de la psychométrie est de mesurer les variables qui déterminent le comportement et de pouvoir comparer différents individus dans ces dimensions. Dans le contexte de la psychologie de la personnalité, cela se manifeste par la quantification des traits de personnalité pour prédire le comportement de manière probabiliste.

Ces outils nous permettent de comprendre le type de personnalité que nous avons et sont généralement utilisés par les psychologues ou les psychiatres, mais pas seulement. On les retrouve par exemple dans des entretiens d'embauche, des stratégies de développement personnel, la médecine générale et l'éducation scolaire et universitaire. Voyons ci-dessous 4 des principaux types de tests de personnalité qui sont appliqués principalement en psychologie académique, professionnelle et clinique.

Les types de tests de personnalité

Nous les avons étudiés dans les chapitres précédents, mais les tests de personnalité ont énormément évolué lors du siècle dernier. La science de la psychologie étant encore assez récente dans le monde de la médecine, ce domaine est constamment changeant, découvert, et adaptatif. Il est donc naturel que les tests que nous pensons pertinents aujourd'hui ne peuvent plus l'être dans à peine vingt ans !

Les outils utilisés pour évaluer la personnalité sont généralement classés selon les critères méthodologiques qui ont déterminé leur construction. Dans tous les cas, la plupart de ces tests sont basés sur la mesure numérique des constructions de la personnalité et la comparaison de l'individu évalué avec les autres.

On trouve ainsi des tests de personnalité rationnels (aujourd'hui pratiquement hors d'usage), empiriques (basés sur des critères externes), factoriels (dans lesquels les items sont regroupés par traits) et ceux qui combinent plusieurs des critères que nous venons de décrire, comme les tests créés par Millon et Cloninger.

Les origines : le test de Rorschach

Avant d'entrer dans le vif du sujet, présentons un des tests de personnalité les plus célèbres : le test de Rorschach. Bien connu de par son côté visuel, et également utilisé à outrance dans les films et séries télévisées, ce test est encore en circulation dans les méthodes de recrutement ou de psychologie clinique. Mais la majorité des scientifiques s'accordent pour dire que ce fameux test est en réalité un moyen de voir la façon dont le patient répond aux questions, plutôt que de se concentrer sur ses réponses. De par son côté populaire, les gens se sentent plus à l'aise, et laissent donc plus transparaître leurs émotions lorsqu'ils sont soumis au test de Rorschach.

Il s'agit de sept planches monochromatiques et trois planches colorées, représentant des taches abstraites. Le psychologue demande alors au patient d'interpréter ces taches d'encre et lui dire ce qu'il "voit". Selon ses réponses, on peut définir le type de névroses du patient. S'il voit beaucoup de violence, de choses effrayantes, alors le psychologue peut définir quel type de maladie mentale le patient peut avoir, ou avoir eu dans sa jeunesse.

Néanmoins, ce type de tests visuels n'a que très peu de sources fiables pour en faire un test efficace. Pourquoi donc le connaissons-nous encore aujourd'hui ? Simplement car son côté visuel et interactif le rend plus intéressant que des questions / réponses. Les séries télévisées, les films et autres jeux vidéos l'utilisent donc comme exemple visuel de test, tout comme le polygraphe. Mais aucun de ces deux exemples n'est plus valide que n'importe quel autre test trouvé dans un magazine.

1. Relationnel et déductif

Ces tests sont construits à partir d'éléments qui sont théoriquement liés aux variables que vous essayez de mesurer. C'est pourquoi les auteurs se basent sur des critères hypothétiques et supposent qu'il existe une corrélation entre ceux-ci et les items, c'est-à-dire les questions du test.

En 1914, peu après le début de la Première Guerre mondiale, le psychologue américain Robert Sessions Woodworth (1869 - 1962) a créé le premier test d'évaluation de la personnalité, un test de dépistage psychopathologique qui visait à identifier la prédisposition aux névroses chez les soldats.

Le test de Woodworth, le Woodworth Personal Data Sheet, fut le premier test de personnalité. Celui-ci comportait 116 items, mais le test fut rapidement disqualifié, car il était très facile de mentir et de falsifier les résultats, en particulier pour les personnes qui ne voulaient pas faire leur service militaire.

Les questions couvraient des sujets somatiques, médicaux, familiaux et sociaux, et se répondaient par oui ou par non. Certaines questions furent : "Vous sentez-vous généralement en bonne santé et fort ?", "Aimez-vous sortir en plein air ?", ou encore "Est-ce que quelqu'un de votre famille s'est déjà suicidé ?". Les réponses étaient ensuite analysées par un psychologue, qui cherchait à découvrir les "sujets anormaux" , qui pourraient être enclins à des troubles névrotiques.

Les tests de personnalité rationnels sont les moins utilisés de nos jours, ils ont en fait été rapidement remplacés par d'autres basés sur des critères empiriques et factoriels plus fiables et plus valides.

2. Empirique

Les outils de cette catégorie se concentrent sur la corrélation entre les réponses du sujet aux éléments d'évaluation et un critère externe déterminé ; les éléments du test sont donc utiles pour prévoir la dimension pertinente.

Dans ces cas, un groupe de sujets présentant certaines caractéristiques (comme un trouble psychologique) est évalué et les items sont analysés afin de choisir les plus représentatifs de la variable examinée. À partir de là, le test définitif est construit et appliqué à d'autres sujets pour évaluer la même construction.

Le test de personnalité empirique le plus connu est le Minnesota Multiphasic Personality Inventory (MMPI), développé par Starke R. Hathaway (1903 - 1984) et John Charnley McKinley (1891 - 1950) en 1942. Ce test empirique est l'un des plus connus et des plus vastes, avec plus de 500 questions et des versions pour adolescents également, afin de s'adapter au patient. Il est principalement utilisé pour évaluer la présence de traits de personnalité pertinents en psychopathologie, tels que la paranoïa, la dépression et l'introversion sociale. Le psychologue peut alors limiter le malaise, diminuer le niveau de perturbation, recarder les conduites perturbées et modifier les problèmes symptomatiques (non complexes) et systémiques (complexes).

3. Facteurs ou tests de caractéristiques

Les preuves factorielles de la personnalité sont nombreux, et beaucoup clament que ces tests sont les plus réussis. Ces tests évaluent divers facteurs, c'est-à-dire des ensembles d'éléments liés entre eux ; par exemple, le facteur "amabilité" serait composé d'éléments qui évaluent des aspects tels que la franchise, la modestie, l'altruisme ou la sensibilité aux besoins d'autrui.

Le questionnaire 16PF développé par Cattell est l'un des tests de personnalité les plus utilisés depuis des années. Il évalue 16 facteurs de premier ordre qui sont regroupés en 4 plus grands : l'ouverture aux sentiments et aux émotions (Sensibilité), l'ouverture aux idées abstraites et théoriques (Abstrait), l'ouverture à la libre pensée et à l'exploration de nouvelles approches (Changement), et l'ouverture aux gens et à leurs sentiments (Chaleur). Cette théorie, grâce à son large panel de facteurs, s'est retrouvée comme base de tout tests de personnalité encore en pratique aujourd'hui. Il n'est pas rare que vous tombiez sur le test lui-même encore tel quel, bien que celui-ci ait été élaboré en 1949 et perfectionné sous sa forme la plus moderne en 2002.

4. Mixte (avec critères combinés)

Certains tests de personnalité n'entrent dans aucune des catégories ci-dessus mais sont construits à partir d'une combinaison de critères. L'un des tests qui illustre le mieux ce type de méthodologie est le MCMI (Millon Clinical Multiaxial Inventory, ou Inventaire Clinique Multiaxial de Million en français) dont plusieurs tests sont dérivés.

Le MCMI a été construit en utilisant les trois tests de personnalité expliqués ci-dessus, et est donc le plus commun et moderne des tests de personnalité en vigueur dans le monde de la psychiatrie et la psychanalyse. L'auteur Theodore Million s'est appuyé sur sa propre théorie pour choisir un grand nombre d'items (stratégie rationnelle), puis en a sélectionné une petite partie en les comparant à des critères externes (stratégie empirique) et enfin a identifié les corrélations entre les items (stratégie factorielle). Ce test est spécifique au monde clinique et psychologique, en s'axant principalement sur des patients souffrant de problèmes de santé mentale. Il a été donc indiqué de manière explicite que ce test ne doit pas être utilisé avec des adolescents ou des personnes ne souffrant pas de problèmes psychiques et doit rester dans le domaine médical. En effet, le MCMI tire sa théorie de trois axes polarisés : l'Existence (Plaisir – Douleur), l'Adaptation (Passive – Active), et la Reproduction (Auto – Autrui). En résulte quinze type de personnalité, 12 étant des modèles de personnalité clinique, et 3 présentant une pathologie sévère de la personnalité.

CONCLUSION

Dans ce long voyage au cours duquel nous avons approfondi certains aspects de la psychologie, nous avons pu analyser des approches et des constructions qu'elle étudie comme les émotions, la personnalité et la communication non verbale.

Vous aurez deviné que pour chaque concept, vous pourriez écrire une infinité de textes et les approfondir en analysant comment différentes études et approches ont décidé de l'étudier et quelles conclusions elles ont tirées.

Ce que nous avons voulu vous faire comprendre à travers ces pages, c'est qu'il n'existe pas de formules magiques ou de théories irréfutables et précises pour interpréter le langage non verbal de manière unique, ni de secrets pour ne pas avoir le moindre doute que quelqu'un vous ment. Néanmoins, nous pouvons constamment continuer à apprendre, à découvrir, à expérimenter et à nous améliorer.

La psychologie est une science intéressante et très large et l'étude de la façon d'analyser les gens est loin d'être épuisée, malgré le grand nombre d'études menées sur ce sujet. En effet, la psychologie et la psychanalyse sont des sujets assez jeunes dans le monde médical. Et ce n'est que très récemment que la médecine s'est penchée sur la psyché plus en détails. Qui sait ce que nous réserve l'avenir scientifique ? Vous découvrirez sûrement une nouvelle théorie révolutionnaire sur comment analyser les gens d'ici quelques années !

Dans ce texte, nous avons essayé de vous fournir des informations et des éléments de réflexion pour que vous puissiez vous orienter sur ce sujet, nous espérons avoir éveillé votre curiosité et vous avoir donné envie d'en savoir plus. Le monde de la psychologie est encore vaste et mérite d'être découvert tout au long de votre vie. Alors avec ces nouvelles armes de connaissances, partez à l'aventure des comportements humains, et cherchez toujours à découvrir de nouvelles choses, car la curiosité est ce qui rend la vie merveilleuse.

A votre succès,

Robert Mercier

En conclusion, laissez-moi vous donner quelques conseils de lecture...

PERSUASION: Techniques interdites de Manipulation Mentale - Comment convaincre les gens, influencer leurs décisions et devenir un communicateur magnétique et irrésistible

Continuez à vos risques et périls : une fois que vous aurez appris ces techniques, il n'y aura pas de retour en arrière possible !

Essayez de répondre à cette question : imaginez que vous avez le pouvoir de contrôler et de manipuler qui vous voulez. Comment vous sentirez-vous alors? Et bien le but de ce livre est de vous donner très exactement un ensemble d'idées, de techniques, de stratégies que vous pouvez immédiatement utiliser pour contrôler l'esprit d'autrui.

Est-il vraiment possible d'influencer les autres, de diriger leurs pensées, de contrôler leurs comportements, sans être découvert ?

Oui, dans certaines limites, cela est possible.

En fait, vous avez peut-être noté que certaines personnes, lorsqu'elles s'adressent à leurs interlocuteurs, semblent avoir le pouvoir de les faire pencher de leur côté à tout moment, que soit dans leur vie professionnelle comme dans leur vie privée.

Par contre, d'autres, tout en ayant un excellent discours et tout en étant capables de bien expliquer au moyen de très bons arguments, n'arrivent pas à faire changer d'avis leur interlocuteur, même leurs amis les plus proches, leurs familles comme leurs conjoints.

Dans ce livre, vous trouverez les résultats d'études et de recherches sur la psychologie humaine, en apprenant une méthode PRATIQUE qui vous aidera à persuader et à influencer les autres de la manière la plus efficace et la plus "scientifique" possible.

À l'intérieur de « Persuasion : Techniques interdites de Manipulation Mentale » vous découvrirez :

- Comment analyser le comportement de votre interlocuteur et mieux comprendre qui est en face de vous ;

- Comment changer la mentalité ou l'état émotionnel d'une personne ;

- Comment convaincre les autres sans avoir à s'imposer de manière grossière et non professionnelle ;

- Comment planter une idée dans l'esprit de votre interlocuteur, sans qu'il s'en aperçoive ;

- Comment contrôler les comportements des autres : ils feront ce que vous voulez, sans aucune sorte de ressentiment ;

- Comment appliquer ces techniques de persuasion également dans le monde numérique, sur vos médias sociaux ;

- Comment vous défendre, ainsi que vos amis et votre famille, contre les personnes manipulatrices ;

- ... et bien plus encore !

Après avoir lu ce livre, vous aurez d'un côté la capacité de persuader et d'influencer les autres et d'un autre côté, de vous défendre contre les "persuasifs professionnels". Vous apprendrez la méthodologie utilisée par les plus grands experts en psychologie pour contrôler les pensées, les actions et le comportement des autres.

Et ce n'est pas tout ! Grâce à ces techniques, vous deviendrez un communicateur efficace, magnétique et irrésistible.

Pour en savoir plus, encadrez le code QR suivant avec l'appareil photo de votre smartphone.

COMMUNICATION ASSERTIVE : Comment communiquer efficacement, s'exprimer sans crainte et être respecté à tout moment.

Vous sentez-vous parfois obligé de dire oui aux demandes des autres ?

Trouvez-vous des difficultés à vous imposer ? Finissez-vous toujours par faire ce que l'on veut que vous fassiez ?

Si vous avez du mal à demander ce que vous voulez ou à dire "non", alors peut-être souffrez-vous d'une pathologie particulièrement répandue aujourd'hui : le manque d'assertivité.

Ce livre augmentera votre confiance en vous et fera de vous une personne plus assertive, plus sûre d'elle et plus respectée. Vous découvrirez une série de stratégies et de techniques de communication pour surmonter les insécurités et les embarras, quelles que soient les situations : au travail, pour interagir avec un patron exigeant, pour convaincre des clients difficiles, pour travailler efficacement en équipe.

Comment faire ressortir votre valeur et vos compétences lors d'un entretien, comment ne pas laisser vos amis ou collègues prendre le dessus sur vous ?

Un livre qui convient à ceux qui ont l'impression de ne pas pouvoir dire tout ce qu'ils pensent.

Après l'avoir lu, vous deviendrez plus audacieux, plus expressif, plus authentique.

Voici un aperçu de ce que vous découvrirez dans " Communication assertive" :

- Comment trouver l'équilibre entre la gentillesse, les bonnes manières et l'affirmation de soi ?

- Comment corriger cette habitude agaçante qui est de s'excuser tout le temps ?

- Comment dire NON avec grâce et détermination, sans être arrogant ou grossier ?

- Comment être respecté à tout moment sans avoir à tergiverser ?

- Comment cultiver votre estime de soi et réagir avec assurance à de nombreuses situations de la vie quotidienne et professionnelle ?

- Comment demander efficacement ce que vous voulez ?

- Comment vous exprimer librement dans toutes vos relations ?

- Comment éliminer les remords, l'anxiété et les inquiétudes au sujet de ce que l'on peut penser de vous ?

- QUAND dire "oui" et COMMENT dire "non", pour prendre le contrôle de vos conversations ?

La communication assertive est une capacité fondamentale qui peut influencer votre réussite professionnelle, la stabilité de votre vie familiale et votre bonheur personnel.

Riche en exemples et en activités pratiques, "Communication Assertive" est un guide indispensable pour les enseignants, les travailleurs sociaux et de santé, les psychologues, les gestionnaires, les experts en relations publiques, etc. et pour toute personne, tant affective que professionnelle, qui souhaite améliorer sa capacité à communiquer et à s'établir de manière efficace et constructive.

Arrêtez de "laisser faire" : il est temps d'obtenir ce que vous méritez !

Pour en savoir plus, encadrez le code QR suivant avec l'appareil photo de votre smartphone.

APPRENDRE COMME EINSTEIN: Secrets et techniques pour apprendre quoi que ce soit, développer la créativité et découvrir le Génie en vous

Albert Einstein était considéré comme un « raté » en 1895...

...Et grâce à ce livre, vous allez découvrir les mêmes stratégies qu'il a utilisé pour apprendre plus rapidement, mémoriser davantage et devenir un génie créatif.

Mot clé : devenir.

Vous êtes-vous déjà senti si stressé, ou simplement distrait, que vous ne pouvez même pas vous concentrer sur vos études ou votre travail ?

Dans "Apprendre comme Einstein", vous découvrirez comment un garçon ordinaire rejeté par l'université, moqué par les professeurs et les scientifiques, confiné pendant des années aux emplois de bas niveau... se soit transformé en quelques mois dans le génie fou et créatif que nous connaissons tous.

Ce livre vous guidera à travers les techniques qu'Einstein a utilisé pour mieux se concentrer, absorber et stocker plus d'informations, avoir l'esprit clair et net, et prendre sa vengeance dans la vie.

Vous découvrirez à l'intérieur de "Apprendre comme Einstein" :

- Les secrets pour apprendre quoi que ce soit, à tout âge
- Comment améliorer votre capacité de concentration et votre attention en quelques heures...
- Comment doubler votre vitesse de lecture
- Comment résoudre les problèmes en utilisant la créativité, même si vous ne vous êtes jamais considéré comme créatif...
- Comment apprendre rapidement et gagner beaucoup de temps
- Comment absorber des centaines de données et d'informations et les enfermer dans votre mémoire à long terme : vous ne les oublierez pas facilement...
- Et bien plus encore !

Du développement d'une créativité enviable à l'amélioration de votre technique de lecture, ce livre vous donnera les outils nécessaires pour surmonter les défis de la vie quotidienne et professionnelle.

Avec les conseils, exercices, informations et astuces appropriés, chacun peut entraîner la capacité de penser hors des sentiers battus, trouver des solutions à tout problème et réussir dans la vie.

Pour en savoir plus, encadrez le code QR suivant avec l'appareil photo de votre smartphone.

Printed by Amazon Italia Logistica S.r.l.
Torrazza Piemonte (TO), Italy

22938979R00103